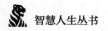

智慧人生丛书

ZHIHUI RENSHENG CONGSHU

YISHENG SHOUYI DE ZHILI MINGYAN

一生受益的至理名言

本书编写组◎编

　　人之所以烦恼横生，对人生困惑茫然，很多时候并不是因为没有健康，而是因为没有智慧，没有了悟茫茫人生的真相。所以有人说：诚信是第一财富，智慧是第一生命。本书编排智者名言，以感悟的方式发掘浅显故事中蕴涵的有关哲理，来帮助读者朋友修心养性，提升智慧，做一个生活中的智者，拥有快乐的人生。

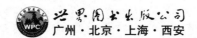

世界图书出版公司

WPC

广州·北京·上海·西安

图书在版编目（CIP）数据

一生受益的至理名言/《一生受益的至理名言》编写
组编. —广州：广东世界图书出版公司，2009.11（2024.2 重印）
ISBN 978－7－5100－1212－9

Ⅰ．一… Ⅱ．一… Ⅲ．格言－世界－青少年读物 Ⅳ.
H033－49

中国版本图书馆 CIP 数据核字（2009）第 204873 号

书　　　名	一生受益的至理名言
	YI SHENG SHOU YI DE ZHI LI MING YAN
编　　　者	《一生受益的至理名言》编写组
责任编辑	朱　霞
装帧设计	三棵树设计工作组
出版发行	世界图书出版有限公司　世界图书出版广东有限公司
地　　　址	广州市海珠区新港西路大江冲 25 号
邮　　　编	510300
电　　　话	020-84452179
网　　　址	http://www.gdst.com.cn
邮　　　箱	wpc_gdst@163.com
经　　　销	新华书店
印　　　刷	唐山富达印务有限公司
开　　　本	787mm×1092mm　1/16
印　　　张	14
字　　　数	160 千字
版　　　次	2009 年 11 月第 1 版 2024 年 2 月第 10 次印刷
国际书号	ISBN　978-7-5100-1212-9
定　　　价	49.80 元

享用一生的一句话

有时候创造奇迹的不是巨人，而是一句能够影响我们一生的话。正是因为这样一句话，我们在失败时仍不言放弃，在成功时仍不忘努力，在拥有时仍懂得珍惜。对于我们每个人来说，总是有这样一句话伴着自己在人生的道路上前行，它也许是一个推心置腹的提醒，也许是一个激发你前进的鼓励，也许是一个让自己懂得生活意义的真理。这样一句话，如漫漫长夜里的星光给予那些在黑暗中走路的人以方向，如阵阵海风给予那些在茫茫大海中航行的船以动力，如一位智慧老人给予懵懂年轻人的句句叮咛。这样的一句话，是上天赐予我们的一份价值连城的礼物。

在我们一生成长的道路上，如花似锦的时候其实并不多，而经常伴随我们的是坎坷、曲折、困惑，甚至痛楚。有些人面对生活的磨难容易怨天尤人，变得消沉落寞，而有些人则完全不同，他们不论在何种环境下，始终能保持一种乐观向上的精神，仿佛路前总有一盏照亮前程的明灯。这盏明灯或许就是年轻时留在他们心中的一句话——一句激励人心的话，一句给人启迪、让人豁然开朗的话，一句让他享用一生的话。海伦·凯勒凭借"把每一天都当做生命中的最后一天，也许这真的是最后一天"这样一句话，不仅改变了自己的世界，并给千千万万生活在这个世界上的人带去了光明；贝多芬凭借"我要扼住命运的咽喉"这样一句话，谱写出人类精神上最强硬的《命运交响曲》，激起我们对人生遭遇的满腹感慨与深深的沉思；海明威凭借"一个人可以被消灭，但永远不能被打败"的坚定信念，写就了他的巅峰之作《老人与海》，他自己也用猎枪击碎了自己庄严的头颅，为的就是不想被疾病所战胜；而伟大的亚历山大大帝只凭借"希望"两个字，就敢为自己的理想抛下所有财产远征波斯……

人生是人类永恒的主题。古往今来，哲人志士，众说纷纭，感慨良多。庄子说："善吾生者，乃所以善吾死也。"司马迁说："人固有一死，或重于泰山，或轻于鸿毛。"俄国一位作家说："在人的一生中，失去的比获得的更为重要。种子消失后才能发芽。"有人说，人生是一趟单行列车，没有回程票。有人说，人生就像一幅画，总会有空白的地方。有人把人生比做晨露或是一春一秋的草木；有人把人生比做蜉蝣，朝生夕灭。有人说，人生苦短，如白驹过隙，稍纵即逝。还有人说，人生是一场得失轮回的闹剧，你方唱罢我登场。有人说，人生是一道减法算术题，不算不知道，一算吓一跳。人的一生只有两三万个可预期的日子，而且还要除去一半的黑夜。活一天少一天，功名与财富随着时间的推延亦做着减法。当有一天两条曲线交叉时，生命的显示屏就会出现零。生命的算术就是如此残酷。还有人说，人生就是一笔未知的存款，直到人死后别人才知道具体数额；而昨天是作废的支票，明天是未发行的债券，只有今天才是现金。这些从伟人口中说出的直言不讳的话总是具有一种特殊的力量。他们的话如一句句天籁之音将我们唤醒，从而将自己的人生演绎得更精彩、更充实。

事业也好，人生也好，看起来既复杂又简单。明白了道理，很简单；不懂得道理，却会是那么复杂。有时候，一句话，一个座右铭，会像一位真正的好朋友，伴我们一辈子，使我们一生受益无穷！

编　者

目 录

生　命

把生命中的每一天当做生命的最后一天，当做生命的节日，把这一天过得充实、愉悦，每天如此，犹如永生。

NO.01

今天是你人生余下的生命的第一天。

在一位医生拥挤的候诊室里，一位老人突然站了起来走向值班护士。"小姐，"他彬彬有礼地说，"我预约的时间是3点，而现在已经是4点，我不能再等下去了，请将我的预约改为明天吧！"这时，一位妇女转过身对她身边的一个人小声说道："他肯定至少也有80岁了，他现在还会有什么要紧的事？"那个老人转向她们说："我今年已经88岁了，这就是为什么我不能浪费一分一秒的原因。"

谁能生活在时间之外，真正拥有永恒呢？孩子和上帝。

孩子不在乎时光流逝。在孩子眼里，岁月是无穷无尽的。童年之所以令人怀念，是因为我们在童年一度拥有永恒。可是，孩子会长大，我们终将失去童年。我们的童年是在我们明白自己必将死去的那一天结束的。自从失去了童年，我们也就失去了永恒。

我们不是上帝。我们知道，终究有一天我们将死去，但我们总是把那一天想得极其遥远。我们大多数人都把人生视为当然。我们处于精神活泼、身体轻快的健康状态，死亡简直是不可想象的，我们很难想到它。日子延伸到无穷无尽的远景之中，所以，我们总是做些无价值的工作，几乎意识不到我们对生活懒洋洋的态度。

在人的一生中，你生命中的每一天就好比一张面纸——抽取之后，未曾善加利用，即被弃如敝屣。我们可以自由地选择如何处理自己所拥有的这一天。你既可以把它消磨在咖啡屋和酒吧里，也可以将它花在研究室或运动场上。你可以把它变得轻如鸿毛、一文不值，也可以把它过得多姿多彩、富有意义。

如果生命有一种绝对，也许这种绝对正显现在生命的脆弱之上，每一天可以是生命的第一天，每一天也可以是生命的最后一天。不过，令我们倍觉欣慰的是，人生不只是活一次，它像璀璨的清晨，可以重复活许多次，每一个早晨都是新的。当我们从清晨醒来，就像一个初生婴孩般降临到一个新奇美妙的世界。帘幕在昨日的"旧生命"做完了最后一个动作时落下，经过了一夜安眠的法术，我们"再生"，让人感受又有一个新的早晨，带来新的希望、魄力与生机。

自然界所赐予的每一天都是新的，都是好日子，它包含了重新再来的机会、勇气与希望，我们每天都应用感恩的心来迎接它、使用它，将一日的生活过得丰富而踏实！这也是我们每个人能把握生命中每一天的唯一方法。有了这样的观念在心中，每天 24 小时，就是人生的一个缩影。凡是有价值的人生，即使是过着短暂的一天，也总比没有意义的生命过着一生的光阴，更多姿多彩。

海伦·凯勒告诉我们，应该像明天就会死去那样去生活。我们应该把活着的每一天当做生命中的最后一天，怀着友善、朝气和渴望去生活。我们更应该将生命中的每一天当做一个新的开始，生命的开始是多么可贵，我们都不知道自己的生命何时才是我们的终点站，但是我们却知道今天是你人生余下的生命的第一天。

有一首诗这样写道：

> 要了解一年的价值，去问问修课不及格的学生；
>
> 要了解一个月的价值，去问问早产儿的妈妈；
>
> 要了解一个星期的价值，去问问周刊的编辑；
>
> 要了解一天的价值，去问问家里有六个孩子、拿日薪养家的人；
>
> 要了解一小时的价值，去问问等待见面的情侣；
>
> 要了解一分钟的价值，去问问错过火车的人；
>
> 要了解一秒的价值，去问问得奥运银牌的人。

我们必须把握生命中的每一分与每一秒，我们一定要珍惜活在世上的每一天。把握生命的每一刻，我们将不枉此生，因为我们知道生命中的点点滴滴都会让我们感受到生命的可贵。

NO.02

人生没有如果，却有很多但是。

美国有位著名的心理医生，在退休的时候应邀做了他最后一次演讲。

这位心理医生并没有说得太多，他说：我们人人都是自己的医生，我们就是太放纵。人生最大的障碍就是如果。人们总在说：如果时光可以倒流，我将会如何如何；如果我不那么做就好了……请记住，"如果"是人生最大的骗局，别再让如果挤占你太多的思维空间。如果越多，你的遗憾、后悔和无奈就越多。不妨把如果放在未来的时空，用行动敲碎它的脑壳，生活的光彩会让你忘记曾想过如果。

如果让我重新选择生命，我会让自己长成一棵树、飘成一朵云、化作一滴雨，我会让自己的生命感觉不到自己的生命。

如果我可以退回至童年，我会让自己自由地玩耍，我会放飞那只忧郁而死的小鸟，我会放生那些令大人厌恶的小猫，我会让童年天真的笑声充盈着生命的每一时刻。

如果能回到青年也好，我不会忧郁，不会谨小慎微，不会卑微胆怯，我会倍加珍惜我与朋友、家人间至纯至真的情感，让曾经的不理解、不接受永远消失在生命的横亘中。

如果我的亲人可以永远安康至无限，我们的亲情也可以被无限地延伸至很远很远，生命里总有一种殷实充溢心中，有一种力量在心中回荡。

如果还是走在校园、坐在教室，我会认真聆听老师的每一句叮咛，我会真诚拥抱每一寸光阴，让充实取代迷茫，让执著挤占消糜。

如果说出的话可以收回，我会收回那些曾经伤害过他人的话，我会用沉默的微笑和理解的祝福装扮生命的坦然和安宁。

如果可以任我们的想象自由完美地成长，我们会少了许多希冀的沉重，平添许多享受亲情的快乐，完美得无忧无虑，快乐得无边无际。

如果岁月可以倒流，我会扫尽生命旅程中许许多多的遗憾，不再有懊悔，不再有追忆，也不再有思念。

……

在人生中，如果真的有如果，谁都愿意退回哪怕是小小的一步，让我们重新选择，重新开始。可人生唯一让人无法选择的就是没有如果，不能后退，只能前行。我们只能想一想如果，做一做假设，这种"如果"形单影只地站在现实面前，它只能是一种对比、一种假设。

人生可以有无数个"如果"，可真正实现起来的却没有几个。所以还是不要沉浸在"如果"的想象中，还是让想象的翅膀飞向未来的描绘中，付诸行动吧！

虽然我们不能退回至童年，但是我们仍可以让自己自由地玩耍，即使在成人的世界里，也能让童年天真的笑声充盈着生命的每一时刻。

虽然我们不能回到青年，但是我们依旧可以选择不忧郁，不谨小慎微，不卑微胆怯，珍惜我们与朋友、家人间至纯至真的情感，让生命中不存在彼此之间的误会或矛盾。

虽然我们的亲人不能安康至无限，但是我们仍然可以将亲情无限地延伸至很远很远，让爱穿透得再深些、更深些。

虽然我们无法再走回校园或坐在教室聆听老师的每一句叮咛，但是我们此时此刻仍可以珍惜生命中的每一寸光阴，让充实取代空虚，让执著剔除消糜。

虽然我们不可能收回那些曾经伤害过他人的话，但是我们仍可以用真诚的微笑和衷心的祝福去温暖那些曾经被我们伤害的人。

虽然岁月无法倒流，但是我们仍可以扫尽生命旅程中许许多多的遗憾、懊悔，让生命更加快乐、愉悦。

别再让如果挤占你太多的思维空间，如果越多，你的遗憾、后悔、无奈也就越多，不妨把如果放在未来的时空，用行动敲碎它的脑壳，生活的光彩会让你忘记曾想过如果。

NO.03

人生是不能保存的,你一定要尽情享受它。没有爱和不能享受人生，就没有乐趣。

意大利记者吉阿提尼访问著名钢琴家鲁宾斯坦，告别时，钢琴家送给记者一盒自己最喜欢抽的雪茄。

"我一定会好好地把它珍藏起来。"记者说。

"千万不可，"钢琴家回答，"你一定要把它抽掉，这些雪茄美妙如人生，人生是不能保存的，你一定要尽情享受它。没有爱和不能享受人生，就没有乐趣。"

只有一次的生命是人生最宝贵的财富，但许多人宁愿用它来换取那些次宝贵或不甚宝贵的财富，把全部生命耗费在学问、名声、权力或金钱的积聚上。他们临终时当如此悔叹："我只是使用了生命，而不曾享受生命。"

人来到这个世上是来享受生活的。当我们来到这个世界，我们就从母亲那儿承接了一种博大宽厚的胸怀，从父亲那儿延续了一根压不断的脊梁，进而从朋友那儿接纳了一种相互信赖、相互挽扶的勇气。有了这些，生命之树便真正活了。在生命的长河中，有挺起腰就挺出一座山的尊严，有站直了就站成一棵树的风景，有蹲下去就能负重千斤的气势，有坐下来就能海纳百川的厚重，有躺下去就能砸出一个坑的透彻。大自然实在对我们宠爱有加，在赋予我们生命的同时，也赋予我们可以有思想的大脑，让我们能够思考怎样去享受这一次来之不易的生命——我们岂能辜负了它？是的，我们不能辜负了自己的生命。而事实却是，我们一直在充当着一个并不高明的乐手，扭曲着生命与生活的旋律，甚至在不经意间扮演了刽子手，扼杀了生命的颜色，生活的芬芳……

人不是神仙，可以不食人间烟火。人活在这个世界上，欣赏鲜花盛开的美丽，感叹人生变幻的奇迹，为得而喜，为失而忧，无论是物质或精神的追求，或是情欲的交融和身心的愉悦，都是生命所不可缺少的一部分。人生由时间构成，而时间是无法储存、无法珍藏的。人生错过了，也就错过了。享受人生，是至高神圣的美德。及时采撷生命中有意义的花朵，及时享受身边的美好事物，这样，我们就会更懂得人生的美好、生命的可贵。人活着，就必须享受生命，这样才是人生真正的意义。

享受意味着珍惜。生活中，值得珍惜的东西实在太多。也许由于我们总是步履匆匆，而对这一切无动于衷，甚至于慷慨地挥霍。有些东西，只有在失去的时候，才知道它的珍贵。

享受也意味着从容。我们生活在一个多元的社会里，多元的世界观、多元的人生观、多元的价值观，一切的一切似乎都是多元的。面对这样一个纷繁芜杂的社会，面对人生的路口，有时候我们也许不知道该怎样走。于是，越来越多的人丧失了自己的精神家园，找不到自己的位置。一颗心一下子没了归属没了方向，于是，或者游戏人生，或者没头没脑地乱冲一气，而最终的结局是，他们抛弃了生活，而生活也毫不留情地抛弃了他们。

享受更意味着热爱。唯有真正懂得享受生命、享受生活，才能真正地热爱生命、热爱生活。生命属于我们自己，生命的旋律要由我们自己演奏，生命的乐章要由我们自己谱写。要让自己成为一个最好的乐手，热爱永远都是最好的导师。

享受生命吧！享受生活吧！只要你愿意，生活是从来不会吝啬的……

NO.04

不为自己没有的悲伤而活，
要为自己拥有的欢喜而活。

1929 年，纽约股市崩盘，美国一家大公司的老板忧心忡忡地回到家中。

"你怎么了，亲爱的?"妻子笑容可掬地问道。

"完了! 完了! 我被法院宣告破产了，家里所有的财产明天就要被法院查封了。"他说完便伤心地低头饮泣。

妻子柔声问道："你的身体也被查封了吗?"

"没有!"他不解地抬起头来。

"那么，我这个做妻子的也被查封了吗?"

"没有!"他拭去了眼角的泪，无助地望了妻子一眼。

"那孩子呢?"

"他们还小，跟这档子事根本无关呀!"

"既然如此，那么怎能说家里所有的财产都要被查封呢? 你还有一个支持你的妻子以及一群有希望的孩子，而且你有丰富的经验，还拥有上天赐予的健康的身体和灵活的头脑。至于丢掉的财富，就当是过去白忙活一场算了! 以后还可以再赚回来的，不是吗?"

三年后，他的公司再度成为《财富》杂志评选的五大企业之一。

一生中，我们会失去很多东西——失去来之不易的财富，失去至爱的亲人，失去敬爱的师长，失去心爱的信物，失去带给我们方便的器物，失去甜蜜的爱情，失去……我们会因为种种失去而一筹莫展、伤心欲绝，继而感叹、悔恨、痛苦。但失去不独是一种痛苦。我们在失去的同时也在拥有着，我们虽失去了太阳的温暖，却拥有了月亮的亲吻；虽失去了花朵的美丽，却拥有了果实的甜

一生受益的至理名言

美；虽失去了昨天，却拥有了充满希望的今天。有些事情就像一粒种子，落地生根，开花结果，你得去努力抓住它，虽然有时没有收获，但你拥有了一种经历，你走过了这个过程。人总在失去中奋斗，在获得中前进，坦然面对自我的人生道路，不要为失去而悲伤，要勇于攀登失去的高峰，品尝失去的果子，让失去给你一个不会坍塌的生命的支点。这样，失去的就叫礼物，而拥有的叫幸福。

当我们感到沮丧的时候，请自问：你有没有完好的双手双脚？有没有一个会思考的大脑和健康的身体？有没有亲人、朋友、伴侣、孩子？有没有某方面的知识和特长？如果你有完好的双手双脚，比之残疾人，那么你就是幸福的；如果你有会思考的大脑和健康的身体，比之已经逝世的同辈人，那么你就是幸福的；如果你有亲人、朋友、伴侣、孩子，可以享受亲情、友情、爱情、骨肉之情，比之感情上有残缺的人，那么你就是幸福的；如果你有虽不丰富但却足以展现的知识和能力，比之逊于你的人，那么你也是幸福的。把注意力放在你所拥有的，而不是没有的或失去的部分，你就会发现，原来自己已经够幸福了。许多人总觉得自己所得无几，所失太多，于是一味索求，只想得到自己没有的，却毫不在乎自己所正在拥有的。失去如果真让你感受懊恼与悲痛，那是否更应该即时省视所拥有的并好好珍惜呢？

人生最可惜的事，莫过于忽视所拥有的。直到失去以后，才发现在拥有时是多么的痴傻。其实失去的本身并不那么可惜，可惜的是，在拥有的时候，为何没有认真地对待。拥有而不珍惜，再多、再好也会失去。学会珍惜，就懂得拥有的真谛。当团聚的时候，可以珍惜那份快乐；当孤单的时候，也可以珍惜那份安谧；当成功的时候，可以珍惜那份成就；当失败的时候，也可以珍惜那份深刻。珍惜拥有的青春，善待生命中的每一天，你将无怨无悔；珍惜拥有的缘分，握紧手中的每一份爱，你将得到温暖；珍惜拥有的机遇，抓住幸运的每一个瞬间，你将创造奇迹；珍惜拥有的人生，踏实前进中每一个脚步，你的旅途将充满光辉。

永远不要拿失去的东西去衡量幸福，否则你永远是一个失败者；要拿你所拥有的东西去衡量它，你则是一个当之无愧的成功者。正如爱比克泰德所说："智者不为自己没有的悲伤而活，却为自己拥有的欢喜而活。"

 # NO.05

理想的人生是什么都可以放弃的人生，或是随时把包袱一卷就可以带走的人生。

亚历山大大帝给希腊世界和东方世界带来了文化的融合。据说他投入了全部青春的活力，出发远征波斯之际，曾将他所有的财产分给了臣下。

为了登上征伐波斯的漫长征途，他必须买进种种军需品，为此他需要巨额的资金，但他把珍爱的财宝和他所有的土地，几乎全部都分配给臣下了。

臣仆之一的庇尔狄迦斯，深以为怪，便问亚历山大大帝："陛下带什么启程呢？"

对此，亚历山大回答说："我只有一个财宝，那就是'希望'。"

庇尔狄迦斯听了这个回答以后说："那么请允许我们也来分享它吧！"于是庇尔狄迦斯谢绝了分配给他的财产，而且臣下中的许多人也仿效了他的做法。

许多人太喜欢在其可怜的境况中卖弄，以便使我们明白：世间凡是能够实现的都不是理想，真正的理想是永远也无法实现的。但是，我们不应该让"现实排除掉理想"，而应该是"坚持理想，坚信生活不能够夺去我们的理想"。

没有高于现实的理想，人就会失去动力，变得没有活力。一个人在没有理想的时候，生活对于他们永远都是残酷的"现实"，他们会认为都是生活"负了"他们。一个人若失去了理想，便会终日浑浑噩噩，终生碌碌无为。人类若失去了理想，文明的车轮便会停止向前转动，到处充满了黑暗与蒙昧，我们的世界也随之失去了勃勃生机，变得死气沉沉；我们的心灵世界，会像海王星那样静寂，满目苍凉！

一个人的少年、青年时代，对理想的追求是无比热烈，甚至是无比狂热的；

到了中年，理想的光辉渐渐黯淡，对理想的追求也渐趋理智；待到暮年时光，像曹操那样老骥伏枥、志在千里的垂垂老翁，已比较鲜见难觅了，此时的理想，就像一枚已风干抽缩了的苹果，早已失去了往日的丰泽光润与鲜活。但无论如何，也不要丢掉自己的理想。因为一个没有理想的人，就没有生活的方向，就如同夜航的船失去了灯塔，迷雾中的车看不见太阳，黑夜中行走的人望不到指路的星辰，他的生活中将没有一个促使他为之奋斗的目标，他的一生将永远在碌碌无为中度过，成为"日混三餐，夜宿一度"的行尸走肉。相反，一个具有远大抱负的人，他的胸中有一个明确的崇高目标，为了实现这个目标，高尚的品质在他身上体现出来，无尽的力量从他身上迸发出来，理想的光芒在他身上闪烁。

理想的力量是摧毁不了的。一滴水没什么力量，但是，如果它流到了岩石的裂缝里，并结成冰，就会裂开岩石；作为蒸汽，水能推动巨大的机器活塞，水就这样使蕴涵在其中的力量发挥作用。

理想也是如此。理想是思想。只要它仍然只是被思考，蕴涵在其中的力量就不会起作用，即使它被怀着最大热忱和最坚定信念的人所思考。如果纯洁的人的本质与这种热情和信念结合起来，理想的力量就会发挥作用。我们应该达到的成熟，是我们不断磨砺自己，变得日益质朴、日益真诚、日益纯洁、日益平和、日益温柔、日益善良并日益富于同情心。这是我们应走的唯一道路。通过这种方式，青年理想主义之铁将锻炼成不会失落的生命理想主义之钢。

一个怀有理想的人，什么也夺走不了他的理想。他在内心中体验到真和善的理想力量。虽然向外发展较少，但他知道，他在纯洁内心方面做了许多，只是效果尚未出现，或者他尚未看见。哪里有力量，哪里就有力量的作用。阳光不会失去，但阳光所唤来的新绿需要发芽的时间，而播种者并不一定得到收获，但一切有价值的行为都是富有意义的。当你人生将尽时，回首往事，没有为顺流而下且碌碌无为而遗憾，这便够了，人生境界如此而已。

NO.06

把困难举在头上，它就是灭顶石；
把困难踩在脚下，它就是垫脚石。

　　一个农夫的驴子不小心掉进一口枯井里，农夫绞尽脑汁想救它，但几个小时过去了，驴子还在井里痛苦地哀号着。

　　最后，这位农夫决定放弃了，他想这头驴子已经老了，不值得大费周折把它救出来，于是他便请来邻居帮忙，打算将井中的驴子埋了，以免除它的痛苦。

　　农夫的邻居们人手一把铲子，开始将泥土铲进枯井中。这头驴子似乎意识到自己的处境，刚开始叫得很凄惨，但出人意料的是，一会儿之后这头驴子就安静下来了。农夫好奇地探头往井底一看，出现在眼前的景象令他大吃一惊：

　　当泥土落在驴子的背上时，它竟然将泥土抖落在一旁，然后站在泥土上面！就这样，驴子一层层地踩着要埋葬它的泥土，慢慢升到了井口！

　　最后，它在众人惊讶的注视下默默地跑开了。

　　漫漫人生，就如同海上航船，有一帆风顺的时候，也有逆风而行的时候，所以生活中总是伴随着困难和挫折。有时候我们难免会陷入"枯井"里，会被各式各样的"泥沙"倾倒在我们身上，而想要从这些"枯井"脱困的秘诀就是将"泥沙"抖落掉，然后站到上面去！事实上，我们在生活中所遭遇的种种困难挫折就是加在我们身上的"泥沙"。然而，换个角度看，它们也是一块块的垫脚石。只要我们锲而不舍地将它们抖落掉，然后站上去，那么即使是掉落到最深的井里，我们也能安然脱困。

　　对于失败，有的人可能把它当做前进路上的绊脚石，有的人可能把它当做奋起的垫脚石。这样的例子太多太多。在同一环境下，不同的心境却有着截然不同的风景，它可以成为一把遮风挡雨的伞，也可以成为一块乌黑的抹布。

挫折不同于失败，它是成功与失败的连接点，具有两面性，有利也有弊。正如巴尔扎克所说的那样：世界上的事情永远不是绝对的，结果完全因人而异。苦难对于天才是一块垫脚石，对于强者是一笔财富，对于弱者则是一个万丈深渊。挫折能造就强者，也能吞噬弱者。温室中的花朵之所以不能承受狂风暴雨，是因为它们无法承受苦难。温室花朵纵然美丽，但却承受不了狂风暴雨，在此之上，连一根平凡无奇的小草都比它强。人亦如此，纵然你具备众多优越的条件，若无法承受狂风暴雨的洗礼，你便不能坦然地去接受挫折，那么，你也就会像温室中的花朵一样，经受不了半点的狂风暴雨，迎接你的将会是一败涂地。

挫折对人是一种打击，也是一种磨炼。当你经历挫折后，应该冷静地分析产生挫折的原因，把挫折看成是对自己的一次考验、一个磨砺的机会，这样也许就不会受第二次同样挫折的困扰了，因为你已懂得如何去战胜它。

我们应该给生活一个假设。假设失败就是成功，假设跌倒就是站起，假设沮丧就是欢愉，假设疼痛就是健康，假设不幸就是幸运……

水声亦作琴声听，黄连可当蜂蜜品。转念一想，我们可以让生活化弊为利，让苦变甜，让恨生爱，让单调变得丰富，让呆板变得活泼。从某种意义上讲，这是一种精神的追求和期待，是一种心境的胜利和收获。

 NO.07

生命的价值不依赖我们的所作所为，也不仰仗我们结交的人物，而是取决于我们本身！

在一次讨论会上，一位著名的演说家没讲一句开场白，手里却高举着一张 20 元的钞票。面对会议室的 200 多人，他问："谁要这 20 元？"一只只手举了起来。他接着说："我打算把这 20 元钱送给你们中的一位，但在这之前，请准许我做一件事。"他边说边将钞票揉成一团，然后问："谁还要？"仍有人举起手来。

他又说："那么假如我这样做又会怎样呢？"他将钞票扔在地上，又踏上一只脚，并且用脚踩它。而后他拾起钞票，钞票已经变得又脏又皱。

"现在谁还要？"还是有人举起手来。

"朋友们，你们已经上了一堂很有意义的课。无论我如何对待那张钞票，你们还是想要它，因为它并没有贬值。它依旧是 20 元钱。人生路上，我们会无数次被自己的决定或碰到的逆境击倒、欺凌，甚至碾得粉身碎骨。我们觉得自己似乎一文不值，但无论发生什么，或将要发生什么，在上帝眼中，你永远不会丧失价值。在他看来，肮脏或洁净，衣着齐整或不齐整，你们依然是无价之宝。生命的价值不依赖我们的所作所为，也不仰仗我们结交的人物，而是取决于我们本身。你们是独特的——永远不要忘记这一点。"

人生路上，我们会无数次被自己的决定或碰到的逆境击倒，甚至被碾得粉身碎骨。但无论发生什么，我们永远不会丧失价值。生命的价值不因我们身份的高低而改变，也不仰仗我们结交的人物，而是取决于我们自身，永远不要忘记这一点！

许多年来，没有人敢在光天化日之下表示自己很重要，我们从小受到的教育都是我不重要。作为一名士兵，与辉煌的胜利相比，我不重要；作为一个单薄的个体，与浑厚的集体相比，我不重要；作为随处可见的人的一分子，与宝贵的物质相比，我们不重要……我们否认了自身的价值，就是推卸了一种对生命的神圣承诺。

回溯我们诞生的过程，两组生命基因的嵌合，更是充满了人所不能把握的偶然性。我们每一个个体，都是机遇的产物。

对于我们的父母，我们永远是不可重复的孤本。无论他们有多少儿女，我们都是独特的一个。没有人能替代我们，就像我们不能替代别人一样。

对于我们的伴侣，我们紧密地缠绕在一起。失去了妻子的男人，胸口就缺少了生死攸关的肋骨，心房裸露着，随着每一阵轻风滴血；失去了丈夫的女人，就是齐腰折断的琴弦，每一根都在雨夜长久地自鸣……

对于相交多年的朋友，我们就如同沙漠中的古陶，摔碎一件就少一件，再也找不到一模一样的成品。面对这般的友情，我们还好意思说自己不重要吗？

我们每个人都应该认清并肯定自己的价值，我们的地位可能很卑微，我们的身份可能很渺小，但这丝毫不意味着我们不重要。

重要并不是伟大的同义词，它是心灵对生命的允诺。

人们常常从成就事业的角度来断定我们是否有价值，但这些都不能作为评定我们的标准。只要我们在时刻努力着，为光明在奋斗着，我们就是无比重要地生活着。

NO.08

信任的好处不但在于使我们相信别人，而且在于更相信我们自己。

一个老人在他年轻的时候曾以贵宾身份参加一个博览会。会上，一位技术娴熟而胆识过人的飞机驾驶员布朗豪斯特邀请了这个老人坐飞机一起进行飞行表演。然而，当这名飞行员在空中翻筋斗时，飞机突然失去了控制并掉在了地上，虽然两人都幸免于难，但老人受伤不轻，连下颌骨都撞碎了。

过了一年左右，老人与家人参加了另一个有飞行表演的展览会。老人的妻子和朋友谈得很开心，过了一会儿，才发觉很长时间没有看见老人了。

最后他回来了，既神情兴奋，又满脸笑容。"这么久的时间你到哪里去了？"老人的妻子如释重负地问他。"去跟布朗豪斯特到空中兜风了，他真是一个优秀的飞行员。"

"什么？你又跟那个布朗豪斯特在一起？难道你忘记了一年前的事情？"老人的妻子惊讶地问。

"当然没有。不过你要知道，我愿意再跟他一起飞行，这对他有多么重要啊，相信一个人就等于帮助一个人，我使他恢复了自信。"

信任一个人有时候需要很多时间。倘若你只信任那些能够讨你欢心的人，那是毫无意义的；倘若你信任你所见到的每一个人，那你就是一个傻瓜；倘若你毫不犹疑、匆匆忙忙地去信任一个人，那你就会有可能很快地被你所信任的那个人背弃；倘若你只是出于某种肤浅的需要去信任一个人，那么接踵而来的可能就是恼人的猜忌和背叛。但倘若你迟迟不敢去信任一个值得你信任的人，那就永远不能获得爱的甘甜和人间的温暖，你的一生也将会因此而黯淡无光。信任是一种有生命的感觉，信任也是一种高尚的情感，信任更是一条连接人与人之间的纽

一生受益的至理名言

带。你有义务去信任另一个人，除非你能证实那个人不值得你信任；你也有权力受到另一个人的信任，除非你已经被证实不值得那个人信任。无论是信任别人还是被别人信任，都是一种无法言状的幸福。信任是一种力量和魅力，这种无形于有形之中的"活力"，大则可以振兴一个民族，小则可以拯救一个灵魂。

2001年秋天，一个绰号"黑炭"的抢劫犯在西北一个劳改农场服刑，还有一年，他的刑期就满了。一天，随队外出修路时，"黑炭"捡到了一个皮质钱包，里面有一些证件和1 000元钱，他毫不犹豫地将这个钱包交给了随队的管教警官。可是这位警官却用轻蔑的神态和口气对他说："你别来这一套！你别用自己平时积攒下来的劳务费变着花样贿赂我！是不是想换资本减刑？像你这号人，就是不老实！""黑炭"万念俱灰，他不敢想象因为狱中表现极佳已经两次减刑的他归根到底还是得不到朝夕相伴的警官的信任；他不敢想象即便刑满释放走向社会，自己的亲人和周围熟知他的人们会用怎样的眼光聚焦于他！晚上，"黑炭"越狱了。亡命的途中，他大肆抢劫钱财，准备离开使他曾经堕落也曾经负疚的这片土地。短短的时间内，抢劫到足够钱财的他乘上了开往新疆边境的火车。火车上很挤，他只好站在厕所旁。这时，一位十分文静的姑娘走进厕所，关门时发现插销坏了。她走出来，轻声细语地说道："先生，真的不好意思。这个门的插销坏了，您能为我把一会门吗？"他一愣，看着姑娘纯洁无瑕殷殷求助的眼睛，"黑炭"点了点头。姑娘红着脸进了厕所，而他却像一位忠诚的卫士一样不安并"尽职"地把守在门口。就是在那个时候，他忽然改变了主意——他觉得，这个世界并不像他想象的那么坏，在这个世界里还有人信任着他，尽管这位纯真的姑娘不知道他的历史和他的现在。于是，"黑炭"又一次投案自首了。

不要远离信任，因为信任会使我们活得轻松，也会为别人带来希望。信任的产品是友谊。多一份友谊总是快乐的，没有人会傻得连友谊这样的产品都拒之门外。经常怀疑一切的人，是永远得不到信任的人，是永远被孤立起来的人。请相信：相信一个人就等于帮助一个人。信任别人，他们就会用真诚来回报你；善待他们，他们就会表现出自身的伟大品质。

NO.09

人在必然世界里有一个有限之极，
在希望世界里有一个无限之极。

某单位办公室的门口有一个大鱼缸，缸里养着十几条产自热带的杂交鱼。这种鱼长约三寸，长得特别漂亮，惹得许多人驻足观赏。

一转眼两年时间过去了，那十几条鱼在这两年里似乎没什么太大的变化，依然是三寸来长，自由自在地在鱼缸里游玩。

忽一日，鱼缸的缸底被单位头头那顽皮的小儿子砸了一个洞，待人们发现时缸里的水已所剩无几，十几条热带鱼在那儿可怜巴巴地苟延残喘，人们急忙把它们捡起来，四处张望，唯有外面的喷水池可以做它们的容身之所，于是，人们把那十几条鱼放了进去。

两个月后，一个新的鱼缸被抬了回来。人们都跑到喷水池边去捞鱼。捞上一条，人们大吃一惊，又捞上一条，人们又大吃一惊，等十几条鱼都捞出来的时候，人们简直有点手足无措了。两个月，仅仅是两个月的时间，那些鱼竟然都由三寸来长疯长到一尺长。

人们七嘴八舌，众说纷纭：有人说可能是因为喷水池的水是活水，鱼才长得这么快；有人说喷水池里可能含有某种矿物质；有人说那些鱼可能吃了某种特殊的食物。但无论如何，都有共同的前提，那就是喷水池要比鱼缸大得多。

年轻人的成长也是如此，要想使自己长得更快，就不要拘泥于一个小小的鱼缸，而应寻找更广阔的发展空间。

老年人怕远，年轻人怕近。

怕远，当然走不远。老人刚出门，才走几步路，就想着回家的路。主要是老年人走了一辈子，脚劲自然大不如前，脚的力道衰微了，脚会告诉脑，你还是快回去吧，前面的路那么长，目标遥远，怎么可能走得到？老年人走不远，老年人爱回家。大多数的老人甚至天天窝在家里，根本不想往外走。

年轻人不一样。年轻人最怕鼻子对眼睛，整天在家里和家人对望。年轻人脚步如飞，你甚至怀疑他们身上长着翅膀。他们总是飞到家人找不到的地方，三天两头不肯回家。家，对他们来说只是吃饭睡觉的地方。吃饱喝足，他们就想往外跑，越远越好，最好能够飞到天之涯海之角。无论在车上或飞机上，他们倒头就睡，醒来，立刻生龙活虎。只要有地方玩，有吃有喝，四处都是家。他们不恋床，适应力强，不像老年人，有许多自己的习惯，这样不行，那样不好。对年轻人来说，百无禁忌，只要离家远远的，没有人管东管西，就是天堂。

外面的世界像吸铁石，给予了年轻人无限的遐想，对年轻人来说，那是一首诗。是的，外面的世界如一首诗般美丽。

远，对于老年人来说，充满了恐惧。路途一遥远，老年人想到的，就是危险。

远，代表陌生。陌生的地方，陌生的人，老年人都会以疑惧的眼光看对方。以不怀好意的眼睛看别人，别人看回来的眼光，自然也找不到善意。老年人不能忍尿，一想到路上找厕所有多么麻烦，出门的兴头就打消了，就越少出门。对老年人来说，只要离开家门，外面的世界都不安全。

人的一生，自近而远，由远而近，年轻的时候向远走，年老的时候，像一只远飞的候鸟，终究要回到自己最初的地方。所以，老年人要设法继续往远走，走远，就是抗老；走不远了，就要服老。

因为老年时候怕远，所以，年轻人啊，趁你如今体力脚力均佳，尽快往外跑吧，能走多远就走多远。

走得远，世界属于你；走得近，世界离你越来越远。

所以，远行要趁早！

 # NO.10

假如一个人想要梦想成真，他首先必须醒过来。只要具备开始的勇气，就会有成功的豪情。

五官科病房里同时住进两位病人，都是鼻子不舒服。在等待化验结果时，甲说，如果是癌，立即去旅行，且首先去拉萨。乙也同样如此表示。结果出来了。甲得的是鼻癌，乙长的是鼻息肉。

甲列了一张告别人生的计划表离开了医院，乙住了下来。甲的计划是：去一趟拉萨和敦煌；从攀枝花坐船一直到长江口；到海南的三亚，以沙滩和椰子树为背景拍一张照片；在哈尔滨过一个冬天；从大连坐船到广西的北海；登上天安门；读完莎士比亚的所有作品；力争听一次瞎子阿炳原版的《二泉映月》；成为北京某大学的一名学生；写一本书，凡此种种，共 27 条。

他在这张生命的清单后面这么写道：我的一生有很多梦想，有的实现了，有的由于种种原因，没有实现，现在上帝给我的时间不多了，为了离开这个世界时不存遗憾，我打算用生命的最后几年去实现还剩下的这 27 个梦想。

当年，甲就辞掉了公司的职务，去了拉萨和敦煌。第二年，又以惊人的毅力和韧性通过了成人考试，成为北京某大学中文系的一名学生。这期间，他登上过天安门，去了内蒙古大草原，还在一户牧民家里住了一个星期。现在这位朋友正在实现他出一本书的夙愿。

有一天，乙在报上看到甲写的一篇散文，打电话去问甲的病。甲说："我真的无法想象，要不是这场病，我的生命该是多么糟糕。是它提醒了我，去做自己想做的事，去实现自己想去实现的梦想。现在我才体味到什么是真正的生命和人生。你生活得也挺好吧?"乙没有回答。因为他在医院时说的——去拉萨和敦煌的事,早已因患的不是癌症而放到脑后去了。

《哈里·波特》里有一面魔镜,当你看到魔镜时,就会看到自己最大的梦想成真时的情景。老校长对哈里·波特说,魔镜最可怕的地方就是当人们看到魔镜里的情景时,会沉迷于梦想成真的情景而无法自拔,从而无法投入现实。

我们常常对生活寄予期望,却更喜欢在想象成功之中意淫度过,那是因为我们每个人心中都有一面魔镜。不过有的人会沉迷于魔镜无法自拔,有的人会从魔镜中获取决心和力量。人生总有许多理想和憧憬,假使你能够将一切憧憬都抓住,将一切理想都实现,将一切计划都执行,那你事业上的成就,真不知会怎样的宏大;你的生命,也不知要怎样的伟大!然而,总是有很多人有憧憬而不去抓住,有理想而不去实现,有计划而不去执行,最终使各种憧憬、理想、计划破灭。

希腊神话中,智慧女神雅典娜,有一天突然从丘比特的头脑中披甲执戈一跃而出。人们最高的理想、最大的创意、最宏伟的憧憬也像雅典娜一样,往往是在某一瞬间突然从头脑中很完备、很有力地跃出来的。比尔·盖茨认为,凡是有力量、有能耐的人,总是能够在对一件事情充满热忱的时候,就立刻去做。

每天有每天的事,今天的事是新鲜的,与昨天的事不同,而明天也自有明天的事。拖延的习惯有碍于做事。过度慎重与缺乏自信都是做事的大忌。在兴趣浓厚的时候做一件事,与在兴味索然时做一件事,其间的难易苦乐相差很大。在兴趣浓厚时,做事是一种喜悦;兴味索然时,做事是一种痛苦。

如果将今天的事留待明天去做,那么,我们会觉得很不愉快;在当初可以很愉快很容易做好的事,拖延了数日之后,就会显得讨厌与困难了。

人生中有很多的机会到来,但总是稍纵即逝。我们当时不把它抓住,以后就永远失掉了。

有计划而不去执行,使之烟消云散,这将对我们的品格力量产生不良的影响。有计划而努力执行,这就能增强我们的品格力量。有计划没有什么了不起,能执行定下的计划才算可贵。

　　一个生动而强烈的意象、观念突然闪入一位作家的脑际，使他生出一种不可阻遏的冲动——想提起笔来，将那美丽生动的意象、观念记录下来。但那时他或许有些不方便，所以没有立刻就写。那个意象不断地在他脑海中活跃、催促，然而他最终没有行动。后来那意象便逐渐模糊、暗淡了，直到最后完全消失！

　　一个神奇美妙的印象突然闪电般地侵入一位艺术家的心间，但是，他不想立刻提起画笔将那不朽的印象绘在画布上。这个印象占据了他全部的心灵，然而他总是不跑进画室埋首挥毫。最后，这幅神奇的图画也会渐渐地从他的心扉上淡去！

　　与其不尝试而失败，不如尝试了再失败，不战而败是一种极端怯懦的行为。如果想让你的生活充实而富有意义，就开始行动，为你的梦想做点什么。在这个世界上，其实我们每个人都患有一种癌症，那就是不可抗拒的死亡。我们之所以没有像那位患鼻癌的人一样，列出一张生命的清单，去实现梦想，也许是因为我们认为我们还会活得更久。然而，也许正是这一点量上的差别，使我们的生命有了质的不同：有些人把梦想变成了现实，有些人把梦想带进了坟墓。

一生受益的至理名言

NO.11

生命不要求我们成为最好的，只要求我们做最大的努力。

美国阿肯色州的密西西比河大堤被洪水冲垮，一个 9 岁的黑人小男孩的家被冲毁，在洪水即将吞噬他的一刹那，母亲用力把他拉上了堤坡。

后来，男孩 8 年级毕业了，因为阿肯色的中学不招收黑人，他只能到芝加哥读中学。家里没有那么多钱，这时，母亲作出了一个惊人的决定——让男孩复读一年。她则为整整 50 名工人洗衣、熨衣和做饭，为孩子攒钱上学。

第二年夏天，家里凑足了那笔血汗钱，母亲带着男孩踏上了火车，奔向陌生的芝加哥。在芝加哥，母亲靠当佣人谋生。男孩以优异的成绩中学毕业，后来又顺利地读完大学。此后，他创办了一份杂志，但最后一道障碍，是缺少 500 美金的邮费，不能给订户发函。一家信贷公司愿意借贷，但有个条件，得有一笔财产抵押。母亲曾分期付款好长时间买了一批新家具，这是她一生最心爱的东西，但她最后还是同意将家具作了抵押。

最后，那份杂志获得了巨大成功。男孩终于能做自己梦想多年的事情了：将母亲列入他的工资花名册，并告诉她算是退休工人，再不用工作了。那天，母亲哭了，那个男孩也哭了。

后来，在一段反常的日子里，男孩经营的一切仿佛都坠入谷底，面对巨大的困难和障碍，男孩已无力回天。他心情忧郁地告诉母亲："妈妈，看来这次我真要失败了。"

"儿子，"她说，"你努力试过了吗？"

"试过了。"

"非常努力吗？"

"是的。"

"很好。"母亲果断地结束了谈话，"无论何时，只要你努力尝试，就不会失败。"

　　命运好比是你在快速前进的道路上横亘的一堵墙。你飞快地冲过去，其结果就只有两种可能：要么你破墙而出；要么你头破血流。终究会有 50% 的机会成功。如果你试图躲避，不敢去面对命运的挑战，那么 100% 你会失去。努力过的失败不可怕，而放弃的失败可能会毁掉你的一生。几乎每个胜利者，都曾失败过。胜利者与失败者的区别就在于：胜利者屡败屡战，绝不轻言放弃；失败者几经挫折，很快地放弃了努力。

　　海洋里有两种鱼：鲅鱼和鲦鱼。鲅鱼喜欢吃鲦鱼，鲦鱼总是躲避鲅鱼。有人曾做过一个实验：用玻璃把一个水池隔成两半，把一条鲅鱼和一条鲦鱼分别放在玻璃板的两侧。开始时，鲅鱼要吃鲦鱼，飞快地向鲦鱼游去，可一次次都撞在玻璃板上，游不过去。过了一会儿工夫，鲅鱼放弃了努力，不再向鲦鱼那边游去。更有趣的是，当实验者将玻璃隔板抽出来之后，鲅鱼也不再尝试去吃鲦鱼了。鲅鱼失去了吃鲦鱼的信心，放弃了努力。

　　作为万物之灵的人，有时也会犯鲅鱼那样的错误。还记得 4 分钟跑完一英里的故事吗？自古希腊以来，人们一直试图达到 4 分钟跑完一英里的目标。为了达到这一目标，人们曾经让狮子追赶奔跑者，也曾喝过虎奶，但都没有实现。于是，许多医生、教练员和运动员断言：人在 4 分钟内跑完一英里是绝对不可能的。因为人的骨骼结构、肺活量不够大、风的阻力等原因，理由实在很多。

　　然而，一个人首先开创了 4 分钟跑完一英里的记录，证明了许多医生、教练员、运动员的结论是错的。这个人就是罗杰·班尼斯特。更令人惊奇的是，一马当先，引来了万马奔腾。在此后的一年，又有 300 多名运动员在 4 分钟内跑完了一英里的路程。

　　真正的强者不是一生的顺利，而是屡战屡败，屡败屡战。因为跌倒后能有爬起来勇气的人才是真正的英雄。有所不为才能有所为。人生有很多可以放弃的东西，但万万不可轻言放弃的是努力。在由失败通往胜利的征途上有道河，叫"放弃"；在由失败通往胜利的征途上有座桥，叫"努力"。

　　当然，不是所有的努力都有收获，不是所有的夸父都会留在人们的记忆里。夸父倒下了，他倒在追逐的路途上，他身后那片茂密的桃林为后代充饥解

一生受益的至理名言

渴。而他倒下时，除了有一点点的惋惜之外，应是无怨无悔的，他没有辜负自己的追求，没有愧对自己的理想。因为他从未放弃过努力，放弃过追求，放弃过奋斗。

凡是努力过的，必定会留下痕迹；凡是存在过的，必定会有所影响。人生中的每一份学习，就是你自己的每一份资产。在做任何事的时候，不要一味地去想它的结果会如何，因为事情的结果往往不是我们可以控制的。但是，我们可以让自己努力去做，不是吗？既然决定要做了，为什么不努力把它做好呢？我相信，只要努力过，无论事情的结果是不是我们所期望的，我们都不会有遗憾的。

人生中许多事情的得失成败不可预料，也承担不起，我们只要不放弃努力就不算失败。我们想享受成功，所以渴望到达终点，但那无非是另一个起点。生命中的大部分时间，我们都在努力着，不管结果怎样，只要我们努力过。

所以，只要你还没放弃努力，那么就不算失败。

 ## <u>NO.12</u>

上天给你的生命只不过是许多分钟而已，你必须要好好利用每一分钟。

班杰明·富兰克林曾经接到一个青年人的求教电话，并与那个向往成功、渴望指点的青年人约好了见面的时间和地点。

待那个青年人如约而至时，富兰克林的房门大大地敞开着，眼前的景象却令青年人很意外——富兰克林的房间里乱七八糟，一片狼藉。

没等青年人开口，富兰克林就招呼道："你看我这房间，太不整洁了，请你在门外等我一分钟，我收拾一下，你再进来吧。"一边说着富兰克林一边轻轻地关上了房门。

不到一分钟的时间，富兰克林又打开了房门，并热情地把青年人让进客厅。这时，青年人的眼前展现出另一番景象——房内的一切已变得井然有序，而且有两杯刚刚倒好的红酒，在淡淡的香水气息中还漾着微波。

可是，没等青年人把满腹的有关人生和事业的疑难问题向富兰克林讲出来，富兰克林就非常客气地说："干杯！你可以走了。"

青年人手持酒杯一下子愣住了，既尴尬又非常遗憾地说："可是，我……我还没向您请教呢……"

"这些……难道还不够吗？"富兰克林一边微微笑着一边扫视着自己的房间，轻言细语地说："你进来又有一分钟了。"

"一分钟……一分钟……"青年人若有所思地说，"我懂了，您让我明白了一分钟的时间可以做许多事情，可以改变许多事情的深刻道理。"

富兰克林舒心地笑道："上天给你的生命只不过是许多分钟而已，你必须要好好利用每一分钟。"青年人把杯里的红酒一饮而尽，向富兰克林连连道谢后，开心地走了。

俄国著名诗人普希金曾经写过一首诗——《生命的驿站》。他为我们描绘了

一生受益的至理名言

这样一幅生动的画面：一位白发苍苍的老人，赶着一辆满载旅客与货物的驿车，在路上飞驰。他穿过茫茫的大森林，跨过滚滚的河流，跑过芬芳的花园和草地，迈过泥泞的小道和沼泽，向着终点站一刻不停地驶去。那位老人是时间，而车上坐着的，有你，有他，也有我。

每个人自出生的那一刻起，就坐上了生命的驿车，驶向终点。一旦它停止不动，生命也就随之消失了。我们坐在驿车上的那段时间，也许只是短短的一瞬，也许要过漫长的许多年。人生路的尽头，谁也不知道在哪里，所以抓紧生命里的每一分钟，就显得尤为重要。

时钟总是在滴答滴答永不休止地摆动着，后一秒总把前一秒推入无底的深渊，与其整日忧郁抱怨，倒不如好好把握生命中的每一分钟。在你和别人玩耍懈怠生命的时候，别人正在做其他有益的事情；时间不会因你而停留，它总是永远不间歇地向明天挺进。善待生命中的每分每秒，是对生命的敬重。

每个人每一天都只有 1440 分钟，你的态度决定了你怎样去利用它。你所拥有的只是现在。内心的平静，工作的成效，都决定于我们要如何度过现在这一刻。不论昨天曾发生过什么事，也不论明天即将发生什么，你永远置身于"现在"。从这个观点来看，快乐与满足的秘诀，就是全心全意集中于现在的每一分、每一秒之上。

一分钟，可以用来微笑，对他人，对自己，对生活微笑；一分钟，可以用来看路，观赏美丽的花朵，感受湿润的草地，或者欣赏清澈透明的流水；一分钟，可以用来静静地倾听，或者歌唱；一分钟，可以紧紧握住他人的手，赢得一个新朋友；一分钟，可以感受肩负的责任，等待的焦虑、犹豫和悲哀，失望的无奈，孤独的凄凉，失败的痛苦，胜利的欢乐；一分钟可以用来鼓励一个人或使之气馁；一分钟足以让人选择重新生活；一分钟的关注足以使儿子、父亲、朋友、学生、老师等感到幸福。仅仅一分钟便足以构筑永恒。

一分钟有时似乎无足轻重，但当我们向一位永远离去的朋友致敬时就会重视这一分钟；当上班是否迟到取决于一分钟时，我们就会珍惜这一分钟。我们也希望生活能多给将与我们生离死别的人一分钟。

　　在短短的一分钟里，人们可以爱、寻求、分享、宽恕、等待、相信、获胜；在短短的一分钟里，人们甚至可以拯救一条生命；在短短的一分钟里，一个人说个"是"，或另一个人说个"不"，都可能改变你的整个生活。一分钟似乎非常短暂，却能在我们的生活中留下深深的印痕。有人说过："上天给你的生命只不过是许多分钟而已，你必须要好好利用每一分钟。"如果大家平时都能记住这句话，那就能学会珍惜生活。

　　珍惜每一分钟，让生命之钟记录你度过的每一分钟。把握生命里的每一分钟，就活在此刻！不要再沉溺在自己过去的失败与辉煌中，也不要再为未知的以后幻想浪费太多的时间，因为这会阻碍我们的前进步伐。认真、仔细地活在现在，用心地感受现在，你会发现生活会变得更美好……

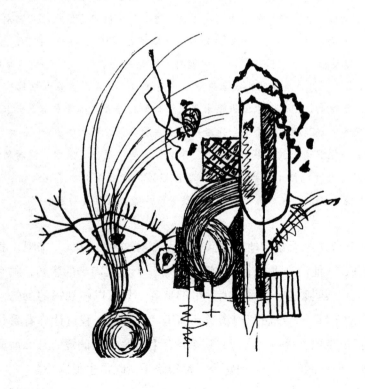

一生受益的至理名言

NO.13

贪婪是最真实的贫穷，
给予是最真实的富有。

从前有个人，在沙漠中迷失了方向，他饥渴难忍，濒临死亡。可他仍然拖着沉重的脚步，一步一步地向前走，终于，他发现了一间废弃的小屋。这间屋子已久无人住，风吹日晒，摇摇欲坠。在屋前，他发现了一个吸水器，于是便用力抽水，可滴水全无。他气恼至极。忽又发现旁边有一个水壶，壶口被木塞塞住，壶上有一个纸条，上面写着："你要先把这壶水灌到吸水器中，然后才能打水。但是，在你走之前一定要把水壶装满。"他小心翼翼地打开水壶塞，里面果然有一壶水。这个人面临着艰难的抉择，是不是该按纸条上所说的，把这壶水倒进吸水器里？如果倒进去之后吸水器不出水，岂不白白浪费了这救命之水？相反，要是把这壶水喝下去就会保住自己的生命。一种奇妙的灵感给了他力量，他下决心照纸条上说的做。果然吸水器中涌出了泉水。他痛痛快快地喝了个够！休息一会，他把水壶装满了水，塞上壶盖，在纸条上加了几句话："请相信我，纸条上的话是真的，你只有把生死置之度外，才能尝到甘美的泉水。"

有人和上帝谈论天堂与地狱的问题。上帝对这个人说："来吧，我让你看看什么是地狱。"他们进了一个有一群人围着一个大锅肉汤的房间，每个人看起来都营养不良，饥饿绝望。每个人手里都拿着一只可以够到锅的汤勺，但汤勺的柄比他们的手臂长，没法把肉汤送到嘴里。"来吧，我再让你看看什么是天堂。"上帝把他带到了另一个房间，这个房间和地狱的房间没有什么两样，一群人，一锅汤，一样的汤勺柄。但每个人都很快乐，吃得也很愉快。

"我不懂，"这人说，"为什么他们很快乐，而另一个什么都一样的房间里，

人们却很悲惨?"上帝微笑着说:"很简单,在这儿他们都会去喂别人。"

对于只知道索取的人,人间犹如地狱。只有勇于给予的人,人间才犹如天堂,因为他(她)心里充满了爱,生活如阳光般灿烂。幸福是一种给予。

每一颗种子都蕴涵着千木成林的诺言,但是不能把它们贮存起来,必须还之于肥沃的土地。每一种关系都是一次给予和接受。给予产生接受,接受又产生给予。上升之物必会降落,输出的也必会回归。事实上,接受与给予是同样的东西,它们是宇宙中能量流动的不同面而已。如果你停止其中的任何一种流动,你就干扰了自然的神智。就像你给予的越多,你获得就越丰,因为宇宙的富足在你的生命中流转。事实上,生命中一切有价值的东西都只会在给予时才能变出万千种。在给予中没有变化的东西既不值得给予,也不值得接受。如果在给予别人时你若有所失,那么,这种给予不是真正的给予,因而也就不会有所提升。如果你勉为其难地给予,在这种给予背后就没有丝毫的能量存在。

你在给予和接受当中所怀的意愿是最为重要的。你的意愿应该总是为给予和接受者创造出快乐,因为快乐既是生命的支撑,又是生命得以延续的动因,而且,快乐是一切增长之本。当给予是无条件和真诚的时候,回报也是成正比的。所以给予这一活动必须是充满快乐的——你的精神在给予时产生快乐的感觉。这样在给予背后的能量就会成倍地增长。

练习给予法则实际上易如反掌:如果你需要快乐,就给予别人快乐;如果你需要爱,就学会付出爱;如果你需要别人的关注和欣赏,就学会对别人关注和欣赏;如果你想物质上富有,就先帮助别人富有起来。

生命是意识的永恒之舞,它在宏观世界和微观世界之间、人世和宇宙之间、人类思想和宇宙思想之间不停地交换生机勃勃的智慧能量并由此表现自己。

当你学着付出你所追求的东西时,你同时也在促成编排出一段优雅生动、活力十足的舞蹈,它构成了永恒的生命的律动。

一生受益的至理名言

NO.14

上帝给了我们耳朵，是让我们能听到世间所有纷杂的声音；人类给了自己爱心，是让我们将所有纷杂的声音转换成一种无言的关爱。

飞机出故障了，乘客按照空服员的指示，只能做一件事：写下遗嘱。可是，今天是圣诞节啊，有多少家庭等着他们的归来。

他向上帝祈祷，希望可以平安回家。他爱他的孩子，他的妻子。那种等待死神光临的恐惧，他不敢想象，他就要失去一切了。

但是，他们和死神擦肩而过。飞机上的乘客虚惊一场……那是一种兴奋，一种劫后重生的安慰。

下了飞机的他带着礼物回到家里，他要告诉他的家人，他没有死，虽然几乎被恐惧折磨死。

家里早就被妻子装点得温馨快乐，一家人等待着他的归来。他回来了。他想告诉他们在飞机上写下遗嘱时，他是多么需要他们。他要告诉他们，他大难不死更要好好陪自己的家人，完成他好久之前没有完成的许诺。

他的妻子和孩子很高兴看到他回来，他们忙着拆礼物，忙着送礼物，忙着告诉他，他们最近的快乐。他的声音被淹没了，没有人注意他的语言，没有人关注他的大难不死……

他默默走进卧房，关上门……

等到家人找到他的时候，他已经在自己的房间里自杀了。

在人心浮躁的信息时代，在喧嚣繁杂的街头，在芸芸众生间，在各种声音、各种音像铺天盖地弥漫而来的时刻，选择做一个静静的聆听者，应该是一个美丽智慧的选择。

生活中时时有人需要我们的倾听，不带偏见，抛去城府，撇开功利，用焚香沐浴后的洁净，做一个平和的谛听者，让倾听者拥有一个宁静坦荡的心灵，拥有一份默然无声的关注。倾听父母的唠叨，能享受到"慈母手中线，游子身上衣，临行密密缝，意恐迟迟归"的挚爱；倾听爱人的问候，能享受到"但愿人长久，千里共婵娟"的祝福；倾听朋友的心声，能享受到"海内存知己，天涯若比邻"的情意；倾听身边人的故事，能享受到"同是天涯沦落人，相逢何必曾相识"的感慨。

学会倾听，享受倾听，你会意外地发现一些在你原本看来极其平常的话语，突然有了魔力，它让你感动，让你在意。

享受倾听，可以使彼此心灵的微风掠过幽暗凄凉，可以使我们含愁的目光变得轻柔飘扬；享受倾听，可以在对方潺潺的心灵小溪里，投下一颗爱的石子，激起一圈圈美妙的涟漪；享受倾听，可以使自己拥有一颗包容的心，用自己的豁达和宽厚感染着每一个倾诉的人，体贴着每一颗渴求倾诉的心，使世界在我们眼里变得明朗。

倾听是一种姿态，是一种关爱，因为倾听，我们学会了用眼睛、用心灵捕捉对方的一切，感受世间的美好。

善于倾听，不仅仅是你的一种同情心和理解力让你拥有了很多的朋友，也不仅仅是你的阳光在单向地付出。每个人的生活都要经历风雨，每个人都是一部蕴涵丰富的教科书，甚至百科全书，那里为你提供可以借鉴的养分和可以阅读的人生之歌，它会时时提醒你，避开生活中的泥泞与沼泽，让你成功。所以，我们要善于去接近和爱周围所有的人，要学会倾听他们的倾诉，对你周围的亲人、朋友，甚至所有不相干的陌生人，伸出你的手。在别人最困难迷惑的时候拉上一把，去用心地倾听，就是一种深爱；你的爱，就可以带给大家温暖和阳光。

学会倾听，享受倾听，善于倾听吧……用我们广阔的胸襟，用我们生命的激荡，去书写人生的安详篇章，去咏叹友谊的青春畅想，去感受亲情的温馨安逸……

一生受益的至理名言

NO.15

人生要么是一幅伟大的作品，要么就是一团糟，因为每种习惯的养成要么是精心培养的结果，要么是放任自流的结果。

从前有一头骡子，自小就在磨房里拉磨，日复一日绕着石磨兜圈子，十几年如一日，勤勤恳恳。有一天，它终于老得再也拉不动石磨了。主人觉得它劳苦功高，决定把它放养到旷野之中，让它在绿草地里自由自在地度过余生。但这头骡子从来就没有享受过蓝天白云下的自在生活，它已经失去了作为动物融入大自然的天生本领。在如此宽阔的天地中，这头骡子唯一能做的就是在吃饱以后，绕着一棵树不断地兜圈子，直到最后死在这棵树下。

倘若大河就是我们的性格，那么支流就是我们的习惯，我们的习惯每时每刻都在影响着我们的生活。也许我们根本不可能分辨出造就性格的到底是哪些习惯，但有一点可以肯定，好习惯是一种坚定不移的高贵品质，必定会酝酿出好的果实，而坏习惯则会毒害心灵。

好习惯主要依赖于人的自我约束，或者说是依靠人对自我欲望的否定。然而，坏习惯却像芦苇和杂草一样，随时随地都能生长。它阻碍了美德之花的成长，使一片美丽的园地变成了杂草丛。坏习惯一旦播种，往往难以清除。对几百位成功者的调查显示，问及失败的可能原因时，几乎每个人都会说："坏习惯是失败的重要原因之一"。

人很容易陷入无所事事的境地，随波逐流则更容易。我们总是容易忽视习惯形成的生理基础。对一个行为的每一次重复，都会增加我们再次实施它的几

率。我们还发现自己的体内有一种神奇的机制，那就是倾向于不断地、甚至是永久性地重复，而且这种倾向的灵活机敏性也随着重复次数的增加而不断地提高。最终的结果是，开始的行为，由于自然的条件反射，成了自动的行为，不再受大脑的控制。事实上，我们今天所为不过是对昨天的重复。除非你具有非凡的意志力，否则即使下决心改变，明天仍然会继续重复它。

古希腊哲学家亚里士多德曾说，优秀是一种习惯。我们的一言一行都是日积月累养成的习惯。我们有的人形成了很好的习惯，有的人形成了很坏的习惯。所以我们从现在起就要把优秀变成一种习惯，使我们的优秀行为习以为常，变成我们的第二天性。让我们习惯性地去创造性思考，习惯性地去认真做事情，习惯性地对别人友好，习惯性地欣赏大自然。

每个成功的人，之所以成功，就在于不同于常人之处。而所谓的"不同之处"，就在于他们具有许许多多良好的习惯。习惯是一种顽强的力量，它可以主宰人的一生，一切天性和诺言，都不如习惯有力。好的习惯会使你的人生受益无穷。正如威廉·詹姆士所说："播下一个行动，收获一种习惯；播下一种习惯，收获一种性格；播下一种性格，收获一种命运。"

没有守时的习惯，会浪费时间、耗费生命；没有守信的习惯，会失去别人的信任；没有坚定的习惯，无法把事情坚持到成功的那一天；没有迅捷的习惯，良机与你擦肩而过，可能永不再来。

成功是一种习惯，放弃也是一种习惯。成功者从来不半途而废，成功者从来不投降，成功者不断鼓励自己，鞭策自己，并反复地去实践，直到成功。这就是成功的必由之路。现实生活中，很多人都在拼命地忙忙碌碌，最终却一事无成，是他们比成功人士缺少智慧和机遇吗？其实不然。那为什么众多的人拼命地努力却没有成就呢？仔细研究一下，就会发现他们身上都有着一个共同点，那就是他们习惯了放弃，而恰恰是这种放弃造就了他们的不成功。

凡是渴望成功的人，都应该对自己平时的习惯做深刻的检讨，把那些妨碍成功的恶习一一找出来，如举止慌乱、急躁不安、萎靡不振、言语尖刻、不守时、马马虎虎等。要勇于承认自己身上的不良习惯，不要找借口搪塞，把它们记下来，对照它们引起的错误，想想今后应该怎么做。若能持之以恒地纠正它们，就一定会有巨大的收获。

NO.16

一只脚踩扁了紫罗兰，它却把香味留在那脚跟上，这就是宽恕。

竞选总统前夕，林肯在参议院演说时，遭到了一个参议员的羞辱，那个参议员说："林肯先生，在你开始演讲之前，我希望你记住你是一个鞋匠的儿子。"

林肯转过头对那个傲慢的参议员说："非常感谢你使我记起了我的父亲，他已经过世了，我一定会永远记住你的忠告，我知道我做总统无法做得像我父亲做鞋匠那样好。据我所知，我的父亲以前也为你的家人做过鞋子，如果你的鞋子不合脚，我可以帮你改正它。虽然我不是伟大的鞋匠，但我从小就跟父亲学到了做鞋子的技术。"然后，他又对所有的参议员说："对参议院的任何人都一样，如果你们穿的那双鞋是我父亲做的，而它们需要修理或改善，我一定尽可能帮忙。但有一件事是可以肯定的，他的手艺是无人能比的。"

说到这里，他流下了眼泪，所有的嘲笑都化成了真诚的掌声。林肯果然当上了总统。

有人对林肯总统对待政敌的态度颇有微词："你为什么要试图和他们成为朋友呢？你应该想办法去打击、消灭他们才对。""我难道不是在消灭政敌吗？当我使他们成为我的朋友时，政敌就不存在了。"林肯总统温和地说。宽容是一种力量。当人们掌握并动用这种力量的时候，人们自然就会显得自信和强大，而不是软弱，是坚忍不拔。

在生活的长河中，你一定受到过无辜的伤害，你会难过、愤慨，因为你本不该受到这样的伤害，这种伤害会深深地根植于你的脑海里，似海潮中的暗礁，当潮退雾散时，便显现出来，不时地刺痛你的心，此时，能够阻止这种"刺痛"的力量就是——宽容。

　　"宽容是在荆棘丛中长出来的谷粒。"这是千真万确的。宽容就是忍耐，唯有宽容，才能抚平人们心中的阵阵伤痛，愈合昔日的伤口，打开一道通向永恒的大门。

　　宽容里包含着爱，它包括尊重和体谅。用达尔文进化论的观点来看，人要生存，就要不断地适应环境。此时不妨做个换位思考：或许伤害你的人，也是要生存，或许是要生存得更好一些，而我们不也是为了生存得好一些吗？

　　宽容里包含着爱，它包括真诚和给予。将自己坦诚地交给他人，也会使他人由衷地献身于你。巴尔扎克说过，灵魂要吸收一颗灵魂的感情来充实自己，然后以更丰富的感情回送人家。人与人之间有了这点美妙的关系，心灵才能充满生机。当大家与宽容同行时，人与人之间就会产生一股足以融化冰峰的暖流，人们的生存空间将变得融洽、和谐，社会将向更美好的方向发展。

　　生活中应宽容的事件很多。每天上班，面对电梯厢拥挤超载的状况，不急不恼，转身去爬楼，既活动又健身，不亦乐乎！恋爱受挫，不自怨自艾，不衔恨报复，多检讨自我不足，期盼"春风又绿江南岸"，不亦乐乎！官场失意、股市被套，不患得患失，报以平常心，"名利水中月，荣辱天外云"，从烦恼中自我解脱，不亦乐乎！唐代高僧寒山有诗云："有人来骂我，分明了了知，虽然不应答，却是得便宜。"如此的宽容，已经到了修身养性的高深境界，揣摩玩味，不亦乐乎！

　　雨果说："世界上最宽阔的是海洋，比海洋宽阔的是天空，比天空更宽阔的是人的胸怀。"宽容是一种博大，它能包容人世间的喜怒哀乐；宽容是一种境界，它能使人生跃上新的台阶。人的一生是不断自我完善的过程。别人有些过失，若能予以正视，并以适当的方式批评和帮助，便会避免大错；自己有了过失，亦不必一蹶不振，努力从中吸取教训，重新扬起工作和生活的风帆。

　　你要宽容别人的龃龉、排挤甚至诬陷。因为你知道，正是你的力量让对手恐慌。你更要知道，石缝里长出的草最能经受风雨。"一只脚踩扁了紫罗兰，它却把香味留在那脚跟上，这就是宽恕。"安德鲁·马修斯在《宽容之心》中说了这样一句能够启人心智的话。

一生受益的至理名言

NO.17

人应有的功能是生活，而不是生存。

著名作家毕淑敏在一所很有名望的大学演讲，期间不断有纸条递上去。纸条上提得最多的问题是："人生有什么意义？请你务必说真话，因为我们已经听过太多言不由衷的假话了。"

毕淑敏念完纸条后台下响起了掌声。她说："你们今天提出这个问题很好，我会讲真话。我在西藏阿里的雪山之上，面对着浩瀚的苍穹和壁立的冰川，如同一个茹毛饮血的原始人，反复地思索过这个问题。我相信，一个人在他年轻的时候，是会无数次地叩问自己——我的一生，到底要追索怎样的意义？

"我想了无数个晚上和白天，终于得到了一个答案。今天，在这里，我将非常负责任地对大家说，我思索的结果是人生是没有任何意义的！"这句话说完，全场出现了短暂的寂静，如同旷野。但是，紧接着就响起了暴风雨般的掌声。毕淑敏很快做了一个"暂停"的手势，接着说道："大家先不要忙着给我鼓掌，我的话还没有说完。我说人生是没有意义的，这不错，但是——我们每一个人要为自己确立一个意义！"

关于人生意义的讨论，充斥在我们的周围。很多说法，由于熟悉和重复，已让我们从熟视无睹滑到了厌烦。可是，这不是问题的真谛。真谛是，别人强加给你的意义，无论它多么正确，如果它不曾进入你的心灵，它就永远是身外之物，比如我们从小就被家长灌输过人生意义的答案。在此后漫长的岁月里，谆谆告诫的老师和各种类型的教育，也都不断地向我们批发人生意义的补充版。但是，有多少人把这种外在的框架，当成了自己内在的标杆，并为之下定了奋斗终生的决心？

在美国的著名学府哈佛大学，有很多人在青年时代也未确立自己的目标。

一则材料曾显示，某年哈佛的毕业生临出校门的时候，校方对他们做了一个有关人生目标的调查，结果是27%的人完全没有目标，60%的人有近期目标，只有3%的人有着清晰长远的目标。25年过去了，那3%的人不懈地朝着一个目标坚韧地努力，成了社会的精英，而其余的人，成就相差很多。

人生本是无意义的，但是怎样摆脱虚无却是有意义的。王朔的意义在于砸碎那些没有意义的假崇高，伍迪·艾伦的意义就在于不断指出人生的荒谬。而我们也该为自己的人生确立一个意义。鲁迅曾说过："我们活着，是因为我们还有梦想；只要我们活着一日，我们就要为真理战斗一日。"一个人的理想，能够对他的人生起到提升的作用。比如说，如果你只立志做一株花，你就很难长成一棵树——即便给你长成树的机会；而你要是立志做一棵树，那么你即便长不成参天的巨松，也起码能长成一颗结实的小树。

靳羽西——这个被公认为既漂亮又成功的女人，曾被美国《人物》杂志誉为"中国最有名的女人"。她在接受记者访问时，谈到自己的容貌与成就。她是这样说的："我长得并不十分漂亮，但是通过改变发型、化妆和穿着，你们看到了不同个性的我……我的成功是从零开始的，我在政府高层没有亲戚，我也没有一个给我百万家财的丈夫。当我作为移民初到纽约时，口袋里只有150美元，一切的一切都需要我努力工作才换得来。我从微不足道的起点开始建立起我的关系。使我非常自豪的是，我的电视片、化妆品，还有玩具娃娃都影响了成千上万的人。"那么，这样一个并不十分漂亮，也没有太多外界有利条件的女性，为什么能有今日的不凡成就？靳羽西的答案是——"如果你渴望成功，你就能得到它！"

你要做一棵树，才能找到自己立足的土地，才会有自己的一片天空。这是攀缘树的藤萝所不可能实现的梦想，也是娇嫩的花朵不可能拥有的未来。虽然一个胸怀理想的人，要付出的努力会多得多，经历的风霜雨雪也会比一个满足于做花做草的人多得多，但他们的收获也是不同的——立志做树的人才会有顶天立地、枝繁叶茂的天地。

一生受益的至理名言

NO.18

只要你没有一颗贫穷的心，那么你就只能贫穷一时；如果具有一颗真正贫穷的心，那么你就会贫穷一世。

在一次"金穗卡"宣传活动中，举办方为了达到宣传的目的，向人们发放一些纪念品，这些纪念品只是印着广告的彩色气球，然而整个局面却在发放气球的一刹那间失控，工作人员目瞪口呆地看着无数的人蜂拥而来，推挤着、踩踏着，争抢着那些批发价只值三毛钱的气球。叫骂声、争执声，加上气球此起彼伏的爆炸声，使整个宣传点乱成一锅粥。目睹了全过程的一个人斩钉截铁地说："这些人，都是穷人。"他的朋友提出异议："不见得吧，未必谁穷得需要一个气球。"那个人神色很认真地接着说道："他们的穷，不是物质上的，而是他们有一颗穷人的心。"

穷人的心是什么样子？应该就是总觉得自己是穷人的那种心态。也许真正决定我们的行为的，不是我们是什么样的人，而是我们有一颗什么样的心。

那些有穷人心的人，即使他们已经有了半个世界的金子，他们仍然念念不忘还有半个世界的金子不属于自己。有的越多，越觉得不够，越觉得自己穷，因而生生世世都不会满足，就要不断地去捞去赚，占最小最小的便宜也是好的。如果人的心海是一个宇宙，那么穷人心就是一个黑洞，无声无息地张开它的大嘴，将身边的事物全部一点点吞噬，甚至包括它本来所拥有的——可是就是用全世界来填，也填不满那深不见底的黑洞。它那样的黑，连一丝光都透不出来，它所唯一反射出来的只是自私、贪婪和嫉妒。

那些有穷人心的人会认为人穷的时候，得不到人们应有的尊重，也往往不受人欢迎，更不用说取得相应的政治权利，因为人穷的时候价值最低，发表权的分量也就很轻。

人穷的时候，不会找到真正的知音和朋友。因为贫穷，就不会有多少钱来用于外界的交际和应酬，生活也很拮据，手头自然不会很宽裕，而朋友和知音的来往需要花费最基本的成本，人贫穷时拿不出多少可以支配的资金，舍不得投资也就不会有什么收益。

人穷的时候，找不到多少欢乐，也就找不到多少幸福。欢乐和幸福早已和财富相依相连，没有财富的欢乐和幸福也不会太长久。既然欢乐是有价值的，那么欢乐至少也需要成本的投入，没有相应的资金，欢乐从何而来。

人穷的时候，生命是没有多少价值的，交不起昂贵的医疗费。即使是生命处于垂危状态，也没有人来怜悯你，没有钱你只能呆在病床上等待死亡的到来。因为你是穷人，穷人的生命自然也就十分低贱，面对贫穷你只有认命。

人穷的时候，没有多少人会相信你的人格会高尚，也没有人会相信你的信用度，银行也不会相信你的偿还能力。在经济商品的时代，财富是与信用度和偿还能力密不可分的，因为你是穷人，你没有一定的经济能力，没有什么可以作为你的信用和人格的抵押。

人穷的时候，你没有办法变得潇洒，你也没有潇洒的条件，因为潇洒需要一定的经济基础作条件。人穷你就不会很大方，事事都要考虑到节约，而节约往往又与潇洒水火不相容，一个出手不大方的人无论如何是潇洒不起来的。

人穷的时候，生活一定过得十分艰苦，工作也会很劳累，既要辛辛苦苦地工作挣钱，也要笑对别人对一个穷人的冷眼。你没有钱买车，你只有走路和坐公交车，你就得忍受拥挤的感受。

人穷的时候，常常是理不直气不壮，不是自身没有道理，而是没有保证道理的经济基础。即使是你再有道理，在人们眼里也如同没有道理一样，因为你贫穷。人们宁肯相信一个具有财富的人，也不会相信一个贫穷的人的理由，因为有财富的人没有必要说假话，而一个贫穷的人的话的可信度是不会很高的。

人穷的时候，你看什么问题都会片面，认识事物都会有局限性，你的目光自然也不会太长，因为你关注远方的事纯属幻想，你只有看清眼前的现实，你才能生活得实在、自由。人常说：宁静以致远。人贫穷时，你无法让自己的心宁静下来，不能宁静的心是不能致远的。

　　人穷的时候，亲朋好友也就很少相互走动。谁会喜欢一个贫穷亲戚和朋友呢？因为你不能给对方带来欢乐，也不能给对方增加炫耀的资本，你去了只能给对方抹黑，只能给别人带去难堪和困苦，别人就会这样说：他居然还会有这样的穷亲戚。你不是无形中降低别人的身份又会是什么！

　　人穷的时候，你买不起新住房，连经济适用房也买不起，那你只有住在旧房子里。没有优美舒适的环境，没有清新的空气，没有宽大、轻松的休息空间，你的心情只能受到压抑，你只能羡慕别人住房的优美，你只能在旧房子里脾气变得越来越暴躁，也不会有一个好的心情，你在事业上也就难有成就。

　　人穷的时候，你没有多少资本选择美好的婚姻。对于男性而言，你无法找到你所中意的美丽而温柔的女性，因为你没有相应的资本取悦美丽，也没有一定的经济实力作为筹码；对于女性而言，尤其是并不美丽的你就找不到英俊有才华的青年。美丽首先喜欢的是财富，而后才可能考虑其他方面的因素。

　　人穷的时候，你就只有遵守传统的道德观念，你就只能努力去挣钱，你只有用你奋斗而来的财富来证明你的资格。

　　在人贫穷的时候，你会存在上述许许多多的不方便和不快，可你除了忍受还应努力积极地改变目前的生活状况。你不能责怪社会的分配不公，也不能埋怨自己的生不逢时，如果你依旧无法改变现实，你只能怪自己不能坦然面对贫穷。人贫穷并不要紧，要紧的是只要你没有一颗贫穷的心，那么你就只能贫穷一时，如果具有一颗真正贫穷的心，那么你就会贫穷一世。

 # NO.19

胜利往往来自于"再坚持一下"的努力之中。

20世纪70年代是世界重量级拳击史上英雄辈出的年代。4年未登上拳台的拳王阿里此时体重已超过正常体重20多磅，此时他的速度和耐力也已大不如前，医生给他的运动生涯判了"死刑"。然而，阿里坚信"精神才是拳击手比赛的支柱"，他凭着顽强的毅力重返拳台。

1975年9月30日，33岁的阿里与另一拳坛猛将弗雷泽进行第三次较量（前两次一胜一负）。在进行到第14回合时，阿里已精疲力竭，濒临崩溃的边缘，这个时候一片羽毛落在他身上也能让他轰然倒地，他几乎再无丝毫力气迎战第15回合了。然而他拼着性命坚持着，不肯放弃。他心里清楚，对方和自己一样。比到这个地步，与其说在比气力，不如说在比毅力，就看谁能比对方多坚持一会儿了。他知道此时如果在精神上压倒对方，就有胜出的可能。于是他竭力保持着坚毅的表情和誓不低头的气势，双目如电，令弗雷泽不寒而栗，以为阿里仍存着体力。这时，阿里的教练邓迪敏锐地发现弗雷泽已有放弃的意思，他将此信息传达给阿里，并鼓励阿里再坚持一下。阿里精神一振，更加顽强地坚持着。果然，弗雷泽"俯首称臣"，甘拜下风。裁判当即高举起阿里的臂膀，宣布阿里获胜。这时，保住了"拳王"称号的阿里还未走到台中央便眼前漆黑，双腿无力地跪在了地上。弗雷泽见此情景，如遭雷击，他追悔莫及，并为此抱憾终生。阿里过后说："在受到对手猛烈重击的情况下，倒下是一种解脱，或者说是一种诱惑，每当这个时候，我就在心里对自己喊：挺住，再坚持一下，再坚持一下！因为只有我不倒下，才有取胜的可能。胜利往往来自于'再坚持一下'的努力之中。"

爬山爬到一定高度的时候，会感到筋疲力尽，再也不想往上爬一步，但只要咬紧牙关坚持继续向上爬，过了一会你就会感到全身开始舒服起来，爬山的乐趣油然而生；跑步跑到一定距离的时候，也会感到筋疲力尽，但只要咬紧牙关坚持继续向前跑，过了一会你就会感到呼吸舒畅起来，两条腿也好像自动跑了起来，继续跑下去的勇气会转变成一种轻松的向前跑的惯性，接着再跑下去你就能跑出很远。不管是爬山还是跑步，在你咬紧牙关的那一刻，就是你做一件事情的临界点。如果你坚忍不拔地坚持下去，就会挺过临界点，进入一种新的境界，不再害怕所面对的更长更困难的挑战，并且在迎接挑战的过程中得到一种身心乐趣、一份成就感和一份自信。

在工作和事业中要取得成功，也需要我们有挺过临界点的勇气和坚持到底的耐力。很多人在工作中十分浮躁，总觉得自己做的是小事，其实这个世界上小事做不好的人绝对不可能干出大事来，能否认真地把一件事情做完是一个人能否取得成功的基本标志。

世界上的事情经常很容易开始，但很难有圆满的结局。因为圆满意味着必须走完全程，意味着必须历经千难万险，意味着遍体鳞伤也绝不放弃，意味着受尽伤害依然心地善良，意味着在到达临界点的时候咬紧牙关继续迈着疲劳的双腿向前奔跑，直到最后肉体和精神为了同一个目标合而为一。不能跨越生命的临界点，我们会吃尽失败的苦头；要跨越生命的临界点，我们可能需经受更多的考验，但是，只要你能忍受黎明前那最黑暗的一刻，太阳一定会带着满天的朝霞为向着东方奔跑的你升起。

如果要用两个词来形容一个人的一生，那就是"奋斗"和"追求"。人们为了实现自己的目标，得到自己所追求的东西，在不断地寻求自己前进的道路。就像是人们为了到达彼岸，在无边无际的大海中寻求迷雾中的灯塔；为了登上知识的最高峰，在荆棘丛生的路途中跋涉；为了寻找生命的绿洲，在茫茫的沙漠中前进。

在追求的过程中，我们难免会碰到困难和挫折，我们在不断地战胜它们的同时，也在不断地受伤。有时望着前方如猛兽般的困难和自己那伤痕累累的身躯，心中不由得动摇起来，开始绝望了：我还应不应该继续走下去？有的人依然选择了放弃而走回头路，而此时，殊不知只要自己再坚持一下，再勇敢地向前迈一步，自己就可以到达目的地。可是，他放弃了，之前的奋斗完全没有了

意义。

坚持，也许是成功边缘的最后一次考验，也许是意志的试金石。假如我们能在必要的时候再坚持一下，也许成功的曙光离我们就更近了。

坚持，是一种耐力，也是一种品格。它要求我们以一种顽强不屈的精神去做一件自己想做的事情，可有的人往往因为缺少这种精神而与成功失之交臂。同时也有人把坚持与纠缠混为一谈。其实纠缠是以一种被动的、无奈的手段在别人那里获得一个差事或一份成果，与坚持不可相提并论。坚持是凭借自己的能力做不懈的努力，并不依赖于他人，比如巴恩斯，实际上就是以自己进取不屈的精神赢得了爱迪生的信任，而绝非其他。

坚持需要耐心，俗话说，"心急吃不了热豆腐"。坚持是生存的一种本领，也是一种耐心和等待，坚持的过程其实是磨炼的过程，在这个过程中，给临阵脱逃者的回报往往是失败，给知难而上者的回报大都是成功。军人无疑更有坚持的品格，比如他们的体能训练、队列训练、战役战术演练等，都是对这种品格的锤炼和培养。当然这种品格不光是平时所需要的，更是战斗时所需要的，正所谓"坚持就是胜利"。

人生总是有磨难和困境。当我们沉陷于茫茫黑夜，手足无措的时候，会不同程度地产生绝望情绪，其实当我们坚持到底并走过来之后，回首就会发现，一切其实都没什么大不了的。大多数时候光明距我们仅差一步，只需——再坚持一下。

一生受益的至理名言

NO.20

你唯一不应该有的"主动"就是"主动地回避生活的精彩"。

美国工商管理学院的入学能力测试 GMAT 考试，其中的语法考试有一个特点，就是主动语态和被动语态。在一般的英语语法中，主动语态和被动语态都被认为是正确的表达，但在 GMAT 考试中，假如一句话能用主动语态来表达而用了被动语态，就算是绝对的错误。比如说"作业被我做完了"一定要说成"我把作业做完了"才对。只有当实在找不到主动者时才能用被动语态，如窗户破了但不知道是谁打破的，才能说"窗户被打破了"。这种考试中对主、被动语态的敏感区别，背后隐藏了一个重大的命题，那就是对参加考试的人面对所发生的事情是用主动思维还是用被动思维的区别。一个习惯于被动思维的人会不自觉地用被动的方式回答问题，而一个拥有主动思维的人则时刻都会考虑主动解决问题。进入工商管理学院的学生，毕业后都要进入各大公司或机构做管理工作，管理工作中最重要的素质之一就是要有主动沟通、协调、解决问题的能力。凡是拥有主动心态的人，都比较容易成为出色的管理者。所以 GMAT 考的不是纯粹的语法问题，而是在语法背后隐藏着的一个人的心态问题。

对于大多数人来说，被动的生活已经变成了生活的一种无意识的行为，我们像牛一样被各种各样的事情牵着鼻子向前走或者原地转圈子，但由于被牵得太久了就忘了我们是被牵着鼻子在生活，有时候不被牵着还感觉不舒服。比如我们每天晚上的大部分时间都被电视机所消灭了，我们打开电视不断地转换着频道，很少能看到实实在在的有意义的节目，一晚上的宝贵时间就这样被浪费掉了，到最后很多人都得了电视被动症，在电视上学不到任何东西，离开了电

视又活不下去。假如有一天晚上突然停电没法看电视了，我们就会像没了魂的幽灵，整个晚上晃来晃去不知所措。英语中有一个词用得很形象，把对人没好处但又能牵着人的鼻子走的东西叫"hooked on"，意思是被钩住了，就像一头猪被钩住了，那离被屠宰的时间就不远了。

人之所以被动，主要的原因是心中没有真正重大的事情要做或心中没有远大的目标要实现。一个没有航向的人是最容易随波逐流的人，也是最容易被各种琐碎的事情所诱惑的人。有一个人，开了一家小小的公司，却忙得不亦乐乎。仔细地观察了他一天，发现他忙了一天，所做的事情却几乎没有一件是和公司未来的发展有关的，他的公司既没有战略规划，也没有近期要实施的目标，由于胸中没有雄心块垒，所以他只能以琐事来填补自己每天的空白，被无用的事情牵着鼻子走。当一个人进入这种状态时，他的生活实际上已经完全被动化了，再想把公司做大几乎已经不可能了。

主动，要求我们拥有一种积极的心态，我们天天喊着要改变生活，要取得成功，但一个被动者是不可能改变自己命运的。当你发现自己陷在一种无能为力的生活境地时，你首先要有勇气走出这种生活，而走出这种生活又需要你放弃原来的既得利益和习惯。人最坏的习惯之一就是抱住已经拥有的东西不放，其实一个人只要舍得放下自己的那点小天地，就很容易走进宇宙的大世界。这个世界为你准备的精彩很多。同样都是人，有的人一辈子活得充满快乐、惊喜和收获，而有的人却活得充满平庸、无聊和失败。究其原因，主动拥有生活和被动接受命运是这两种人的分水岭。

请记住：你唯一不应该有的"主动"就是"主动地回避生活的精彩"。

一生受益的至理名言

NO.21

上帝从不埋怨人们的愚昧，人们却埋怨上帝的不公。

有个太太多年来不断抱怨对面的太太很懒惰，"那个女人的衣服永远洗不干净，看，她晾在院子里的衣服，总是有斑点，我真的不知道，她怎么连洗衣服都洗成那个样子……"

直到有一天，有个明察秋毫的朋友到她家，才发现不是对面的太太衣服洗不干净。细心的朋友拿了一块抹布，把这个太太的窗户上的灰渍抹掉，说："看，这不就干净了吗？"

原来，是自己家的窗户脏了。

没有一种生活是完美的，也没有一种生活会让一个人完全满意，面对生活的不如意，与其花时间去抱怨它，还不如抓紧时间去改进生活。别让抱怨成为习惯，应时常通过在自己的身上寻找不足来解决问题。

无论如何，抱怨是负面效应。越抱怨，就会发现值得抱怨的事情越来越多。越花时间来抱怨，事情也就变得越来越糟。任何一个怨天尤人的人，总企图找到认同他想法的家伙，用负面方式寻找认同，大概可以使他们深觉自己因抱怨而出众，因痛苦而伟大。一肚子怨气的人，总是散发着一种天怒人怨的气质，会让你觉得跟他相处老是有一块黑压压的云遮住你的大好晴天。那么，离开他，周围会渐渐恢复太平盛世。

真正的生活强者在面对种种障碍的时候，总会表现出积极的情绪和行为。当面对别人的错误时，不是抱怨而是发现和查找原因，并且会找出正确的方法

来弥补错误；当面对艰难困阻的时候，不是抱怨而是竭尽全力去征服；在面对诸多不公平时，不是抱怨而是设法避免这种不公平在自己身上发生；当面对别人的误解时，不是抱怨而是加强沟通；当面对别人异样的眼光时，不是抱怨而是努力让他人刮目相看；当面对自己的情感受到伤害时，不是抱怨，而是付出更多的爱心，去融化对方……所有的抱怨和牢骚都是徒劳的，除了能够让人知道你在表示不满以外，对解决问题和实现你的目标，没有任何意义，甚至会导致更糟的结果。正如珠穆朗玛峰不会因为登山者抱怨它的陡峭而发生丝毫变化，相反只会因为抱怨而浪费时间；矛盾不会因为你的抱怨而得到化解，只会进一步激化。同样，老板不会因为你的抱怨而给你加薪，只会把重任交给别人；爱人不会因为你的抱怨而更加爱你，只会让感情出现裂痕；朋友也不会因为你的抱怨而成为你的手足，只会因为抱怨而使你更加孤独。

有一位哲人曾经说过："心灵是它自己的殿堂，它可以是天堂中的地狱，也可以是地狱中的天堂。"如果我们心中充满了抱怨，它不但会伤到别人，更会毁掉你的一切，使你在芸芸众生中迷失自我。

成功者永不抱怨，抱怨者永不成功！

请记住：如果你被小石子打中，却不能及时醒悟，而一味置之不理，就会被砖块打中，如果仍然执迷不悟，就会被大石头狠狠击中。只要老老实实扪心自问，我们都可以找到出现警报的地方，而不应该总是厚着脸皮说："为什么总是我遭殃？"正如你不能决定生命的长度，但你可以控制它的宽度；你不能左右天气，但你可以改变心情；你不能改变容貌，但你可以展现笑容；你不能控制他人，但你可以掌握自己；你不能事事顺利，但你可以事事尽力一样，停止抱怨，丰盈快乐的生活才是真正成功的人生！

一生受益的至理名言

NO.22

生活中最伟大的事情就是，你的挑战永远在前面。

爱迪生、斯旺以及许多科学家在同一时期研究电灯。当时电灯的原理已经很清楚了——要把一根通电后发光的材料放在真空的玻璃泡里。人们在解决一些具体问题——如何让它更轻便、成本更低廉、照明时间更长。其中最主要的问题，也是竞争的焦点，在于灯丝的寿命。

爱迪生全力以赴地投入了这项研究，有位记者对他说："如果你真的让电灯取代了煤气灯，那可要发大财了。"爱迪生说："我的目的倒不在于赚钱，我只想跟别人争个先后，我已经让他们抢先开始研究了，现在我必须追上他们。我相信会的。"

爱迪生用来做灯丝的材料达到了1600多种，他尝试过炭化的纸、玉米、棉线、木材、稻草、麻绳、马鬃、胡子、头发等纤维以及铝和铂等金属。那段时间，全世界都在等着他的电灯。经过一年多的艰苦研究，他找到了能够持续发光45小时的灯丝，在45个小时中，他和他的助手们神魂颠倒地盯着这盏灯，直到灯丝烧断，接着他又不满足了："如果它能坚持45个小时，再过些日子我就要让它烧100个小时。"

两个月后，灯丝的寿命达到了170小时。《先驱报》整版报道他的成果，用尽溢美之词："伟大发明家在电力照明方面的胜利"、"不用煤气，不出火焰，比油便宜，却光芒四射"、"十五个月的血汗"……新年前夕，爱迪生把40盏灯挂在从研究所到火车站的大街上，让它们同时发亮来迎接出站的旅客，其中不知多少人是专门赶来看奇迹的。这些只见过煤气灯的人，最惊讶的不是电灯能发亮，而是它们说亮就亮、说灭就灭，好像爱迪生在天空中对它们吹气似的。有个老头还说："看起来蛮漂亮的，可我就是死了也不明白这些烧红的发卡是怎么装到玻璃瓶子里去的。"大街上响彻着这样的欢呼："爱迪生万岁!"然而，爱迪生用这样的讲演使人们再次惊讶："大家称赞我的发

明是一种伟大的成功，其实它还在研究中，只要它的寿命没有达到 600 小时，就不算成功。"

那以后，他在源源不断的祝贺信、电报和礼物中，默默地改进着灯泡，向 600 小时迈进，结果，他的样灯的寿命达到了 1589 小时。

著名的棒球手佩奇告诫儿子：永远不要回头看，有些人可能会瞬间超过你！的确，在生命的整个过程中，任何人都没有权利停止前进的脚步，都不应该满足过去的辉煌。人只有不断给自己提出新的奋斗目标，才能活得充实，活得有滋味。生活中值得我们追求的东西仍然很多很多。未来的日子里，那些不可预知、不可抗拒、不可逆转的事情会随时向我们提出挑战。记得一位现代哲人说过："人，是颂不完的万物之灵；人，是一部永远写不完的大书。人——匆匆来到地球上，可不能白来一趟，要挖掘人生的宝库，留下人格的重量；匆匆来到地球上，可不能摇摇晃晃，做事要有主见，做人要有脊梁；匆匆来到地球上，可不能空来一场，要留下奋斗的足迹，留下美好的形象；匆匆来到地球上，可不能游游荡荡，潇洒人生匆匆去，要抱朴守缺留华章。"我们可能一辈子永远达不到这样辉煌的高峰，但是，起码应遵循这样的人生轨道。

刚造出来的航海罗盘，没有磁化前，指针方向混乱，一旦磁化，就被一种神秘的力量支配着，指向同一个方向，永远指向那里。在人的身上，这种神秘的力量就是进取心，它使我们向目标不断努力。它不允许我们懈怠，它让我们永不满足，每当我们达到一个高度，它就召唤我们向更高的境界努力。

在宾夕法尼亚的一个山村里，住着一位卑微的马夫，后来这位马夫竟然成了美国最著名的企业家之一。他就是查尔斯·齐瓦勃先生。齐瓦勃先生是如何获得成功的呢？齐瓦勃先生的成功秘诀是：每当谋得一个职位，他从不把薪水的多少视为重要的因素，他最关心的是新的位置和过去的位置相比是否前途和希望更远大。他最初在钢铁大王安德鲁·卡耐基的工厂做工，当时他就自言自语地说："总有一天，我要做到本厂的经理。我一定要努力做出成绩来给老板看，使老板主动来提拔我。我不会计较薪水的高低，我只要记住：要拼命工作，要使自己的工作产生的价值，远远超过我的薪水。"他下定决心后，便以十分乐观的态度，心情愉快地工作。在 30 岁时，他成了卡耐基钢铁公司的总经理，39 岁时，他又出任全美钢铁公司的总经理。

大多数人甘心选择平庸无奇的生活，是因为他们放弃了向更高的目标挑战。逃避挑战又怎能找到至高！摒弃知足常乐的想法，不断寻找最优秀的自己，去实现每一个既定目标，思考如何在每一天都有所提高。进取心是摆脱颓废的最佳手段。一旦形成不断自我激励，始终向着更高境界前进的习惯，身上所有的不良品质都会逐渐消失。个性品质中，只有被鼓励、被培养的品质才会成长，而消灭不良品质的最好方法就是消灭它们赖以生存的环境和土壤。人们通常很早就意识到进取心在叩响自己心灵的大门，但是，如果不注意它的声音，不给予它鼓励，它就会渐渐远离，正如其他未被利用的功能和品质一样，雄心也会退化，甚至尚未发挥任何作用就消失得无影无踪了。即使最伟大的雄心壮志，也会由于多种原因受到严重的伤害。拖延、避重就轻的习惯都会严重地削弱一个人的雄心，影响一个人的壮志。如果你发现自己在拒绝这种来自内心的召唤、这种激励你奋进的声音，要留神，别让它越来越微弱以至消失，别让进取心衰竭。当这个积极的声音在你耳边回响时，一定要注意聆听它，它是你最好的朋友，指引你走向光明和快乐。

态　度

你的人生可以是彩色的，也可以是黑白的，区别只在于你观照人生的态度。

NO.23

每个人都应该有这样的信心：人所能负的责任，我必能负；人所不能负的责任，我亦能负。

1979 年，全球著名的通用电气公司（GE）董事长挑选继承人的工作正在紧锣密鼓地进行，公司中的每个"王子"心中都忐忑不安，不知道幸运之神会光顾哪一位。杰克·韦尔奇当时是 GE 消费品业务部门的执行官，经过近 20 年职业生涯的奋斗，他离权力塔尖只有两层之遥。1 月底，老董事长雷吉请杰克·韦尔奇去他的办公室。关上门，韦尔奇接受了一次"飞机面试"——

"杰克，假设只有你和我在 GE 的商务飞机上，但不幸的是，它要坠毁了。你认为，谁应该成为下一任 GE 董事长？"

杰克·韦尔奇顽固而坚强地推荐了自己。杰克·韦尔奇和其他大多数候选人一样，凭直觉立刻选择了爬出废墟和自己掌舵。但雷吉礼貌地解释说那不可能。韦尔奇坚持认为他能逃出这场劫难。但雷吉断然否定："那不可能，你我都不幸蒙难。那么，谁应该成为董事长？"

韦尔奇只能告诉雷吉："我对自己是最合适人选是如此充满信心，以至于我实在提供不出另外的选择。"

"等等，"雷吉打断了韦尔奇，"你完蛋了。谁应该得到这个职位？"

杰克·韦尔奇最后只能推荐公司主管技术和服务业务的埃德。到了 6 月，"飞机面试"的题目再一次给出，飞机再度面临坠毁，不过这次雷吉说："杰克，这回轮到我死了，但你还活着。那么，这回谁是 GE 下一任的董事长？"

"这样好一些。是我。"杰克·韦尔奇毫不犹豫地坚持推荐自己。

韦尔奇的自信和"舍我其谁"的魄力，赢得了包括雷吉在内的所有董事会成员的信任，他们在选取接班人的时候都投了韦尔奇一票。

　　一个对自己都不能信任的人，谁还敢信任他？谁还敢委以重任于他？领袖人物的气质之一就是自信和魄力，他必须有在惊涛骇浪中勇于负责的精神。尤其是商业世界，开拓进取的素质与自信是相生相伴的。当然，雷吉也不会只凭一个人"舍我其谁"的言论就把公司"王位"传给他，雷吉还会根据韦尔奇以往的"政绩"，根据他长期的观察和判断，来最终决定把"王位"传给谁。杰克·韦尔奇曾有句名言："所有的管理都是围绕'自信'展开的。"凭着这种自信，在担任通用电气公司首席执行官的20年中，韦尔奇显示了非凡的领导才能。

　　自信是人们的事业赖以成功的阶梯和不断前进的动力。正如法国启蒙思想家、文学家让·雅克·卢梭所说的那样："自信力对于事业简直是一个奇迹。有了它，你的才干就可以取之不尽，用之不竭；一个没有自信的人，无论他有多大的才能，也不会抓住一个机会。"只有满怀自信的人，才能在任何地方都怀有自信，沉浸在生活当中，并实现自己的意志。反之，如果一个人失去自信心，则非常容易被颓废和绝望所困扰，甚至会毁掉自己的一生。自信是人们成就伟业的先导，具有自信心的人，可以化平庸为神奇，化渺小为伟大，创造出惊天动地的业绩。

　　自信，是人类成功的源泉、世间奇迹的根基。自信者自尊自强，也赢得他人的尊敬与爱戴，甚至能感动上帝，创造奇迹，如愚公移山者是也。自信，能使凡人超凡。自卑使人沉沦，自信令人升华。自卑的人，总觉得自己事事不如人，甚至无颜以见人；自信者，虽未敢自诩事事强人，但相信通过自身的不懈努力，总有拨云见日、建功立业的辰光。纵观古今，横扫中外，凡有成就、彪炳史册者，无一不是充满自信之人；而自暴自弃者，虽曾具卓越天赋之才华，但终将被自卑之蠹所侵蚀、所毁灭，乃至流星坠地，默默无闻。

　　自信与自卑者，本源一致，起始天赋相当，或许前者有时还稍逊于后者，但通过观念（自信或自卑）的转化，强弱态势逐渐朝着自己所期望或耽虑的方

向发展，愈往后愈泾渭分明。这在不长的旅途中便可觑见分晓：自信者，恰如不畏艰难攀山越岭的勇士，征服了一座又一座高峰，并随着自己前进的脚步把自己抬升到常人难以企及的高度；而自卑者，顾左右而原地踏步，甚至被他人雄壮前行的脚步声所震慑而颤微着、本能地向后退缩，终使自己变得越来越卑微渺小，乃至深陷泥淖而不能自拔。观念的不同，而导致命运之迥异如是。

生活在复杂的社会环境当中，竞争无所不在，只有那些勇于面对困难并敢于克服困难的人，才配享有胜利。我们的生活并不是一马平川，万里无云，而是有激流，有险滩，相当一部分人恰恰缺少这种自信心，一遇波折就悲观失望、坠落蜕变者有之；稍有不如意就叫苦不迭、乃至丧失生活勇气者有之；经受不住考验而失去进取心、对前途迷惘者有之。在漫漫的人生道路上，坚定信心，鼓足勇气，百折不挠，破浪前行，如此才能挣脱生活中的羁绊，从一个胜利走向另一个胜利。与其相信奇迹不如相信自己，相信自己才会有真的奇迹出现。

有自信，然后才能有一切。

一生受益的至理名言

NO.24

不要等到非同寻常的机会在你的面前出现，而要抓住每一个看似平常的机会，让它在你的手中变得非同寻常。

有一个人有天晚上碰到一个神仙，这个神仙告诉他说，有大事要发生在他身上了，他有机会得到很大的财富，在社会上获得卓越的地位，并且娶到一个漂亮的妻子。

这个人终其一生都在等待这个奇迹的降临，可是什么事也没发生。这个人穷困地度过了他的一生，最后孤独地老死了。当他上了天堂，他又看到了那个神仙，他对神仙说："你说过要给我财富、很高的社会地位和漂亮的妻子的，我等了一辈子，却什么也没有。"神仙回答他："我没说过那种话。我只承诺过要给你机会得到财富、一个受人尊重的社会地位和一个漂亮的妻子，可是你却让这些从你身边溜走了。"

这个人迷惑了，他说："我不明白你的意思。"神仙回答道："你记得你曾经有一次想到一个好点子，可是你没有行动，因为你怕失败而不敢去尝试。"这个人点点头。神仙继续说："因为你没有去行动，这个点子几年后被给了另外一个人，那个人毫不迟疑地去做了，你可能记得那个人，他就是后来全国最有钱的那个人。还有，你应该还记得，有一次城里发生了大地震，城里大半的房子都毁了，好几千人被困在倒塌的房子里，你有机会去帮忙拯救那些存活的人，可是你却怕小偷会趁你不在家的时候，到你家里去打劫，偷东西，你以这作为借口，忽视那些需要你帮助的人，而只是守着自己的房子。"这个人不好意思地点点头。神仙说："那是你去拯救几百个人的好机会，而那个机会可以使你在城里得到多大的尊荣和荣耀啊！"

神仙继续说："你记不记得有一个头发乌黑的漂亮女子，那个你曾经非常强烈地被吸引的？你从来不曾这么喜欢过一个女人，之后也没有再碰到过像她那么好的女人。可

是你想她不可能会喜欢你，更不可能会答应跟你结婚，你因为害怕被拒，就让她从你身旁溜走了。"这个人又点点头，可是这次他流下了眼泪。神仙说："我的朋友啊！就是她！她本来应是你的妻子，你们会有好几个漂亮的小孩，而且跟她在一起，你的人生将会有许许多多的快乐。"

　　许多人都试图等待一个非同寻常的机会而改变自己的生活，却错过了身边的每一个小机会。他们一如孩童在海滩那样：他们让小手握满沙子，然后让沙粒掉下，一粒接一粒。所以面对每一次机会你都要去抓住它，以免错过它而抱憾终生。每个人都有机会，在人生的道路上，只有抓不住机会的人，没有得不到成功机会的人。

　　人的一生，是否与重大的历史机遇重合是可遇不可求的。在一个和平年代，譬如网络的发展，就是一个历史机遇。它造就了将与人类历史上无数弄潮儿并入史册的人物。对于"芸芸众生"而言，大浪淘沙，随波逐流，机会也是多多。许多人的一生由此而彻底改变，而我们时常在等待一个大的机遇，却不肯抓住生活中的每一个小的机会，从而被动地生活。历史机遇只有回头看，才能看得清楚。多数弄潮儿尚且是不自觉地卷入历史，对于我们来说，历史机遇对于生活而言，是没有什么特别意义的。因为，机遇只对人生有意义，而生活只考虑机会。我们应该把每一次机会牢牢地掌握在自己的手中，才会使生活有改变的可能。

　　机遇是随机出现的、影响我们成功与否的偶然因素，但有时又起着决定性的作用。很多人认为自己之所以没有成功，就是缺少像成功者那样的机遇。尽管机遇从其本身来看，并不是一个能够人为地加以控制的东西，但这并不意味着我们就不能努力、用心去把握一些机遇，迎接运气的到来。机会总是暗藏在生活的每一个角落，如果你有一双慧眼，你就会发现机会无处不在，但如果你是生活中的粗心人，那么你只能看到生活平静如水的表面。遗憾的是，我们中的大多数人只是在无聊、枯燥地过着一日重复一日的生活，却很难去发现蕴藏在生活之中的机会，偏偏机会又是转瞬即逝的，如果你没有一双识别机会的慧眼或看到机会而没有把握好，机会就可能与你擦肩而过。对于一个人来说，无论怎样的机会摆在面前，如果没有行动，就不可能赢得任何机会。

机会只青睐有准备的头脑。在生活中时常有这么四种人，一种人是得到机会但他不会加以利用，还有一种人就是他见到机会以后他去努力但不尽全力，还有一种人看见机会置若罔闻，根本不当回事，第四种人他认为机会没有，或者本来就不属于他，就是说他内心里连要去抓住这个机会的欲望都没有。其实在我们周围，一些社会底层，或者说是在人生边缘的、跌入低谷的人，他们总是会认为这个世界不属于我，没有任何机会属于我。这个观点是错误的。对于那些已经有过机会，甚至已经获得成功的人来说，他们的机会也并没有完尽。你还有更多的机会，你始终要保持一个什么样的状态呢?就是一个敏感的、敏锐的、捕捉机会的这样一个状态，就好像一匹狼竖着耳朵在警觉地寻找猎物的这种状态。只有保持这种状态，你才可能随时抓住这个机会，创造你的崭新的人生。

每天我们身边都会围绕着很多的机会，包括爱的机会。请记住：不要等到非同寻常的机会在你的面前出现，而要抓住每一个普通的机会，让它在你的手中变得非同寻常。

 # NO.25

人生重要的不是你是否拿到了一副好牌，重要的是你如何将手中的牌打好！

艾森豪威尔年轻的时候，有一次晚饭后跟家人一起玩纸牌游戏，连续几次他都抓了很坏的牌，于是就变得很不高兴，老是抱怨。他的妈妈停下来，正色对他说："如果你要玩，就必须用你手中的牌玩下去，不管那些牌怎么样！"

他一愣，听见母亲又说："人生也是如此，发牌的是上帝，不管怎样的牌你都必须拿着，你能做的就是尽你全力，求得做到最好的效果。"

很多年过去了，艾森豪威尔一直牢记母亲的这句话，从未再对生活存在任何抱怨，相反，他总是以积极乐观的态度去迎接命运中的每一次挑战，尽力地做好每一件事情，从一个默默无闻的平民家庭走出，一步一步地成为中校、盟军统领，最终成为美国历史上第三十四任总统。

钱钟书在《围城》中讲过一个十分有趣的故事。天下有两种人，譬如一串葡萄到手后，其中一种人会挑最好的先吃，另一种人则把最好的留在最后吃。但两种人都感到不快乐。先吃最好的葡萄的人认为他吃的葡萄越来越差，第二种人则认为他每吃一颗都是剩下葡萄中最坏的。

其实，生活就像你手中的那串葡萄，也许它会随着时光的流逝而变得不新鲜，或者由最初的青涩而变得甘甜，无论你怎样摘吃，你所吃到的和能感到的滋味全由你的态度而决定。你选择什么样的态度，也就选择了什么样的生活。你可以选择闷闷不乐、无精打采地度过每一天，也可以带着不满的态度、毫无耐心地去工作，但是你还可以选择带着阳光、带着愉快的心情去度过每一天，

一生受益的至理名言

带着幽默、愉悦的心情去工作。我们可以选择一天的时光怎样度过，同样我们也可以选择一生的时光怎样度过。

人生是一种态度、一种理想、一种旁人难以企及的意境，没有人愿意饱尝愁苦的滋味——假如他能够避免，没有人不愿做出美好的诗篇——即使他缺乏才情。如果上天没有给你一副好牌，那么，你能做的只有用你手里的牌打下去，并努力打好，除此之外，你没有任何选择。对生活抱怨是于事无补的，生活不会因为我们的抱怨而变得多姿多彩，如果你是正确的，你的世界就是正确的。知识未必可以创造价值，百分百的态度，却可以让你成为驾驭知识的优胜者。

在《鱼》这本书中有这样一句话："即便无法选择工作，但工作方式总是可以选择的。"面对枯燥的工作，我们可以选择每天工作的态度，任何一种选择都会决定我们的工作方式。既然我们在这里工作，为什么不选择工作出色而选择甘于平庸呢？同样，生命是一段注定要走的路程，长短曲直无可选择，那我们还可以选择一份行路的心情。即使头顶烟雨凄迷，脚下坎坷泥泞，眼里依旧风景旖旎，心中一样丽日晴空。

NO.26

倘若我们热切地想要躲避过错，就更易陷入荒谬。

北大方正的创始人王选，曾对科技领域的人才以打猎为喻分过 3 种类型：第一种是指兔子的人；第二种是打兔子的人；第三种则是捡兔子的人。指兔子的人就是指明科研方向的人，打兔子的人就是进行科技攻关的人，捡兔子的人就是让科技在经济领域产生效益的人。有人曾笑问王选属于哪种人，王选说："我属于第二种，其他两个方面是我的弱处。"

由于王选在激光照排方面的成功，没有人会怀疑他在以上 3 个方面的成就。王选的示弱让人摸不着头脑。后来，王选又做出一个惊人的决定，退出设计第一线，理由是他不能胜任当时的设计工作。

几乎所有得知这个消息的人都感到不可思议。王选则说了这样两件事。1993 年春节，他连续工作了半个月进行了一项试验。但一位学生看了他的设计方案后，说："王老师，你设计的这些都没有用，IBM 的计算机总线上有一条线，可以替代你所有的设计。"另一件事发生在 1991 年，方正公司的 91 设计方案即将上市之前，突然发现计算机芯片在处理图形方面存在漏洞，于是王选找来了负责技术攻关的 3 个资历较浅的年轻人。他根本没指望他们能想出对策来，但是其中有一位学生想出一招妙策，成功地解决了这一问题。

在许多功成名就的大人物中，很少有王选那样自暴弱点自我贬损的人。但令人感慨的是，王选的做法反而团结了一大批中国计算机领域的精英人才。不仅王选本人成为中国的比尔·盖茨式的人物，他的北大方正公司，仅仅 8 年时间，就跻身世界知名企业。

示弱，不是软弱，而是一种人生的智慧和清醒。一个强者能保持清醒，那他离上帝也不远了。

人们总喜欢"毫不示弱"，以为如此自己就了不起了。而其实，更令人佩服的可能并不是一个人的"毫不示弱"，而是他敢于示弱的气概与胆量。在日常生活中，我们常用毫不示弱来形容一个勇敢的人，但时时处处不示弱就好吗？不尽然。那些处处争强好胜，事事占先拔尖的人往往能得一时之利却难成为最终的成功者。很多人动辄立下雄心壮志，热血沸腾，非干出一番大事不可，可惜不是热情难以持久，三分钟热度，就是稍遇挫折便一蹶不振，畏缩不前。倒是那些处于弱势的人，不逞能，不占先，凡事忍让，没有豪言壮语，心境平和，为人宽容，能抛除私心杂念，不受外人干扰，做事能够持之以恒。即使遇到打击，也不会万念俱灰，因为心境平和，所以能处之泰然。这种人跑得不快，但能坚持到终点。

有个典故能说明问题：一个人要赶出城门，他问一个老者他能否在天黑之前赶出去，老者说，走得慢可，走得快不可。他不服气，走得很快，结果腿摔坏了，果然天黑之前没赶出去。

有时候人就得示弱，以避其锋芒，养精蓄锐，蓄势待发。其实这与古人的韬光养晦道理是一致的。向人示威是人人都会的，向人示弱却是少数人才会的。因为这需要智慧和勇气。因为敢于示弱，因此能够正视自己，不需小心地包裹自己的劣势，不需为了成功而粉饰自己，也因此敢于和强手一搏，平稳的心态反而会成为成功的助力。

有一个知名的小提琴大师，在一场演出中，有一根琴弦断了，大师用剩下的三根弦继续完成了演奏。走向成功的人不可能没有弱处，人生有很多时候都很难如愿在谢幕前用完整的琴弦演奏完，也许你完美的人生计划总是遭遇挫折，当你听到了有一根弦清晰的断裂声而心痛欲碎的时候，你是否还会正视现实？是否还敢于用三根弦谱曲人生？如果你为错过了太阳而哭泣，你也将错过群星。好的心态和敢于示弱的勇气可以帮助一个人在逆境中成长。示弱也是健康人格的一种散发，是心态保持平衡的有效办法。

人总是有缺陷的，有时候表现自己的弱点，公开承认自己的不足，这是心

理成熟的体现，也是明智、理性的选择。示弱，可以缓解矛盾。当自己事业、学习取得成功时，适当地表示自己某方面的欠缺，可以使一些羡慕者或妒忌者得到心理平衡，从而避免成功之后通常会引起的一些麻烦；示弱，可以体现求实的作风，给慕名者以积极的鼓励，表现出宽广的胸怀；示弱，有着谦逊的内涵，愿意别人超过自己，是自信又相信他人的表现；示弱，也是一种潇洒的人生态度，更容易被人接受和使别人感到愉悦。

风是最柔弱的，但能断树毁屋；电是最柔弱的，但能穿铁透钢。"天下莫柔弱于水，而攻坚强者莫之胜"，普天之下没有比水再柔弱的了，在圆则圆，在方而方，但它却能滴穿金石，漫山过岭，摧毁一切刚强的东西，没有什么能胜过它。抽刀断水水更流，阳刚者反而胜不了阴柔，这正体现了以柔克刚的奥妙。

一生受益的至理名言

NO.27

做一件正确的事情，要比正确地做十件事情重要得多。

有一次，一只鼬鼠向狮子挑战，要同他决一雌雄。狮子果断地拒绝了。"怎么，"鼬鼠说，"你害怕吗？"

"非常害怕，"狮子说，"如果答应你，你就可以得到曾与狮子比武的殊荣；而我呢，以后所有的动物都会耻笑我竟和鼬鼠打架。"

这只狮子无疑是明智的，因为它非常清楚，与老鼠比赛的麻烦在于，即使赢了，所战胜的仍然是一只"老鼠"。一般情况下，对于低层次的交往和较量，大人物是不屑一顾的，就像一个优秀的武士，是不会与一个蟊贼公开决斗的。

生活中最聪明的人往往是那些对无足轻重的事情无动于衷的人，他们很清楚该理睬什么，不该理睬什么，知道什么事情可以改变命运，也知道什么事情只会消耗青春。这样的人对那些较重要的事务无一例外会感到兴奋，同时也善于把无关紧要的事情搁置在一边。

在现实生活中，成功者大都也深知"那些太专注于小事的人通常会变得对大事无能"，并很清楚"抓住大事，小事自会照顾好自己"的道理。一流的人物大都具备无视"小"（人物、是非）的能力，换句话说，障碍大都是相对而言的，除了必须搬掉的障碍之外，大多数障碍都可以忽略，如果要先搬掉所有的障碍才行动，那就什么也做不成。事实上，绝大多数所谓的障碍，在你超越那个阶段之后，也就不成其为障碍了。

同样的，一个人对琐事的兴趣越大，对大事的兴趣就会越小，而非做不可

的事越少，越少遭遇到真正问题，人们就越关心琐事。这就如同下棋一样，和不如自己的人下棋会很轻松，你也很容易获胜，但永远也长进不了，而且这样的棋下多了，棋艺会越来越差，所以好棋手宁可少下棋，也尽量不与不如自己的人较量。但遗憾的是，许多人整天忙着处理琐碎的事情，总是抱怨挪不出时间做正经事，其实他们的潜意识是在逃避做正经事，尽力回避可能出现的挑战，毕竟，做大事是需要想象力、判断力、勇气和自信的，不是一个精神"瘦弱"的人所能持久而为的。

美国哲学家威廉·詹姆斯曾说，"明智的艺术就是清醒地知道该忽略什么的艺术。"他的言下之意就是，不要被不重要的人和事过多打搅，因为成功的秘诀就是抓住目标不放。很多人都想成为一流的人，有一流的事业、一流的思想、一流的生活，但遗憾的是，很少有人能像一流的人那样做事。管理学家班尼斯说过："纯管理人也许能把事情做对，但是真正的领导人重视的是做正确的事情。"换句话说，做正确的事情比正确地做事要重要得多，也有效得多。

一流的人物也许做不成很多事情，但却能够集中精力做成一件事情，而事实上，这一件事情往往就足以改变一个人的命运了。这样的人往往没有时间可以像一般人那样浪费，他要以并不长的生命，完成一流的事业。他不能过普通人的生活，不能在人生的许多事情上，做普通人的反应，他必须放弃或减少普通人的快乐、交游、娱乐、爱恨和争执，他必须忍住不为小事所缠，他有很快分辨出什么是无关事项的能力，然后立刻砍掉它。更重要的是，他清楚地知道，如果一个人过于努力想把所有事都做好，他就不会把最重要的事做好。

武侠小说家温瑞安说过，"真正高手会把精、气、神集中于一击。"而在生活中，真正的高手也会把集中精力作为一种明智的生活策略，毕竟在一定时期内，一个人的资源和能量是有限的，你无法同时做好数件同等重要、难度又都很大的事情，更何况，还有那么多琐事会跑出来占据你大脑的空间，消磨你的棱角。

不值得做的，千万别做。因为不值得做的事，会让你误以为自己完成了某些事情。你消耗了大量时间与精力，得到的可能仅仅是一丝自我安慰和虚幻的满足感。当梦醒后，你会发现该做的事一件都没有做，而自己却已疲惫不堪。

一生受益的至理名言

NO.28

失足，你可以马上重新站立起来；失信，你永远无法挽回。

　　有一个年轻人跋涉在漫长的人生路上，到了一个渡口的时候，他已经拥有了"健康"、"美貌"、"诚信"、"机敏"、"才学"、"金钱"、"荣誉"七个背囊。渡船开出时风平浪静，不知过了多久，风起浪涌，小船上下颠簸，险象环生。艄公说："船小负载重，客官须丢弃一个背囊方可安渡难关。"看年轻人哪一个都舍不得丢，艄公又说："有弃有取，有失有得。"年轻人思索了一会儿，把"诚信"抛进了水里。艄公凭着娴熟的技术，乘风破浪，终于将年轻人送到了彼岸。艄公淡淡地说："年轻人，我跟你来个约定：当你不得意时，就回来找我。"年轻人随意地答应着，却不以为然。他以为，有了身上的六个背囊，他是不会有不得意的一天的。

　　确实，不久，他就靠金钱和才学拥有了自己的事业；凭着荣誉和机敏，他睥睨商界，纵横无敌；而健康和美貌更是令他春风得意，娶得如花美妻。他逐渐地忘记了摆渡的艄公，忘记了被抛弃的"诚信"。然而，多年来，他欺骗了所有的人，包括他的对手和亲人：他多次将商品以次充好，他承包的建筑全是豆腐渣工程；他透支着他的荣誉和才能，劝说身边所有人投资于他，却把资金用于贩卖毒品和军火走私；他出入高楼大厦，天天酒池肉林，热衷于夜生活，他的健康和美貌悄然飞逝；他一掷千金，豪赌无度，他背负妻子，频频外遇。

　　已到中年的他，总是做着同一个梦：他坐在一艘小船里，正惬意地游荡，突然风起浪涌，他被掀入急流之中。他并不下沉，只是水向他的七窍冲来，耳、眼、鼻皆安然无事，水却冲他唯一的弱处——嘴猛灌，他感觉到自己开始无尽地沉没……因为没有诚信，他失去荣誉、金钱、爱情以及事业，这时，他想起了那个渡口，想起了艄公的话。从监狱里出来，他直奔渡口。艄公已不在，只有那里的一条小船依稀是当日模样。那时

的年轻人也已垂垂老矣。从此，渡口多了一个老艄公，无人过渡时，人们总能看到他独自摇晃在风浪中，似乎在寻找着那个曾经被自己丢弃的背囊。

人生，漫漫长路远，纷繁诱惑多。人，作为微小而孤独的个体，在人生的选择题前，无可避免地徘徊起来。在一个又一个渡口上，在一次又一次险象中，人，究竟能选择什么，该选择什么？

选择诚信，因为它比美貌来得可靠。没有美貌的人生或许是没有足够亮点的人生；但没有诚信的人生则是没有一丝光明的人生。你可以不是潘安，你也可以不是西施，但你不可以失去别人对你基本的信任。"人，以诚为本，以信为天。"没有诚信，生存世间的你可要做一粒悬浮其中的尘粒？

选择诚信，因为它比机敏来得憨实。诚信好比一个乡间小伙，他每日只知弓着黝黑宽阔的脊梁在人生的沃土上默默耕耘；机敏则更像一个电脑黑客，他总是那样才思敏捷，头脑灵活，却总是不露真相叫人紧张。在人生的剧本里，一位老实踏实的演员总要比一个奸诈精怪的角儿更受观众青睐。

选择诚信，因为它比金钱更具内蕴。举着"金钱万能"旗号东奔西走的人生注定是辛苦乏味的人生，满身的铜臭最终带来的也不过是金钱堆砌而成的冰冷墓穴；而诚信，能给人生打底润色，让人生高大起来，丰满起来，它给生命灌注醉人的色泽与丰富含蕴，让生命在天地之中盈润注目，善始善终。

选择诚信，因为它比荣誉更具时效性。没有一蹴而就的业绩，没有一成不变的江山。没有人可以顶着荣誉的光环过一辈子。荣誉是短暂的，它只是人生旅途上一小处美丽的风景，它再美丽，也只是一小段的人生；但诚信是培植人生靓丽风景的种子，你一直耕耘，就会一直美丽，你将诚信的种子撒满大地，你的人生将会美丽到天长地久。

选择诚信，是正确之选。在你一一权衡过后，在你层层过滤之后，你会猛然发现，在人生面纱下最迷人的，原来是那最没有矫饰、最朴实不花哨的诚信！你会发现，没有了诚信，生活原来是那样的索然无味！

所谓人生，即是周而复始的诚实、友好、信任的给予与被给予。人生需要健康、美貌、机敏、才学、金钱、荣誉，但人生更需要诚信。人生没有了诚信，

一生受益的至理名言

健康的身体就成了没有灵魂的躯壳；美貌就成了媚人的工具；机敏就成了奸诈的替身；荣誉就成了违法乱纪的挡箭牌。

人生有了诚信，就像开放在郊外的花朵，有了阳光雨露的滋润，才会万紫千红，芳香四溢。人生有了诚信，就像黑夜中航行的船只，有了远方灯塔的指引，才会乘风破浪，勇往直前。只要有诚信在，人间就会有真情，社会就会有希望！

诚信是一种品格，一种修养，一种灵魂深处的清香，在不卑不亢中彰显出人性的高贵。一个人拥有了诚信，便有了更加广阔的发展空间；一个民族拥有了诚信，便能世代繁荣；一个国家拥有了诚信，便能屹立于世界强国之林！

NO.29

人应该为自己的理想去献身，而不是为别人的癫狂去送死。

　　德国作家莱辛在年轻的时候非常喜欢拉封丹的寓言，喜欢他寓言中那华丽的宣述和铺陈，喜欢他寓言中小巧的诗意的装饰，所以，拉封丹的作品模式无形之中就成了他创作的囚笼。所以，他常常为自己不能写出像拉封丹那样美丽的寓言而心中充满烦恼。

　　有一次，他躺在一个瀑布旁边，努力给自己正在创作的一篇童话寓言加上像拉封丹那样华美的诗意装饰，可是，他冥思苦想、斟酌推敲，最终却毫无所获。迷蒙之中，他突然看到寓言女神出现在他的面前，微笑着对他说道："学生，干吗要这样吃力不讨好呢？真理需要寓言的优美，可寓言何必要这种和谐的优美呢？你这是往香料上涂香料啊！寓言只要是诗人的发现就够了。一位不矫揉造作的作家，他讲的故事应该和一位智者的思想一样才对。"说罢，女神消失了。原来他做了一个短暂的梦。然而，寓言女神的话却深深地触动了他的灵魂。从此他突破了自我，他的寓言更注重故事的简练和智者的思想与发现。于是，莱辛成了一个有个性和独创精神的伟大的寓言家和作家，成了一个努力把自己的寓言写成"神圣幻象的神谕"的人。

　　任何一个人的成功，其实质并不是因为他战胜了什么对手，而恰恰是因为他首先战胜了自己，因为一个人一生的奋斗和追求，往往就是一场没有敌人或对手的战争，你要突破的也不是敌人的战阵或堡垒，而恰恰是你习惯性的思维方式或先入为主的办事方法给自己设下的重重陷阱或绊索……

　　有一则佛禅的故事讲的就是这个问题：德山禅师在尚未得道之时曾跟着龙潭大师学习。有一天晚上，德山来找龙潭请教问题。德山告诉师父说："我就是师父翼下正在孵化的一只小鸡，我真希望师父能从外面尽快地啄破蛋壳，让我早一天脱颖而出啊！"龙潭笑着说："被别人剥开蛋壳而出来的小鸡，没有一个能活下来的。母鸡的羽翼只能提供让小鸡成熟和破壳力量的环境，你突破不了自我，只能最后胎死腹中。不要指望师父能给你什么帮助。"德山听后，一脸迷惑，还想开口说些什么，龙潭说："天不早了，你也该回去休息了。"德山向师父鞠了个躬，当他撩开门帘走出去时，看到外面非常黑暗，就说了声："师父，天太黑了。"龙潭便给了他一支点燃的蜡烛，他刚接过来，龙潭就吹灭了，并对德山说："如果你心头一片黑暗，那么什么样的蜡烛也无法将其照亮啊！即使我不将其吹灭，说不定哪阵风也要将其吹灭呢。只有点亮了心灯一盏，天地自然才一片光明。"德山听后，当下开悟。后来果然青出于蓝，成了一代大师。

其实，像德山开悟成佛一样，一个人不管你想在哪个方面获得成功，也不管你能够获得成功的条件和环境有多么的好，如果你不能突破自我，那么，最终你的梦想和追求也只能像龙潭禅师说的那样"胎死腹中"。

每一个人都应该永远记住这个真理：只有不断超越自我的人，才是一个真正的聪明人。人生在世，每个人都有自己独特的禀性和天赋，每个人都有自己独特的实现人生价值的切入点，你只要按照自己的禀赋发展自己，不断地超越心灵的绊马索，你就不会因忽略了自己生命中的太阳而湮没在他人的光辉里。自我，往往就是一种长期形成的习惯并被这种习惯紧紧束缚着灵魂的故我，一个人如果不能突破这个故我，那么他就会在自设的"固执"或拘泥于成势的陷阱中不能自拔。一个哲人说的好："一个人如果被故我完全封闭了起来，那么，他就成了一头拉磨的驴子，看起来他也非常忙碌和勤奋，但他再也不是一匹在天地间呼啸向前的骏马了。"

突破自我，让我们永远做一匹充满生命活力奔向远方的骏马吧！

 ## NO.30

成功就在于，能够对我们看似前后矛盾的逻辑，反复地质疑。

一位叫马维尔的法国记者去采访林肯。问：据我所知，上两届总统都想过废除黑奴制度，《解放黑奴宣言》也早在他们那个时期就已草就，可是他们都没拿起笔签署它。请问总统先生，他们是不是想把这一伟业留下来，给您去成就英名？

林肯：可能有这个意思吧！不过，如果他们知道拿起笔需要的仅是一点勇气，我想他们一定非常懊丧。

马维尔还没来得及问下去，林肯的马车就出发了，他一直都没弄明白林肯这句话的含意。林肯去世50年后，马维尔才在林肯致朋友的一封信中找到答案。林肯在信中谈到幼年时的一段经历。

"我父亲在西雅图有一处农场，地上有许多石头。正因如此，父亲才得以以较低的价格买下。有一天，母亲建议把上面的石头搬走。父亲说，如果可以搬，主人就不会卖给我们了，它们是一座座小山头，都与大山连着。

有一年，父亲去城里买马，母亲带我们在农场里劳动。母亲说，让我们把这些碍事的东西搬走好吗？于是我们开始挖那一块块石头。不长时间，就把它们给弄走了，因为它们并不是父亲想象的山头，而是一块块孤零零的石块，只要往下挖一英尺，就可以把它们晃动。"

林肯在信的末尾说，有些事情一些人之所以不去做，只是因为他们认为不可能。其实，有许多不可能，只存在于人的想象之中。

读到这封信的时候，马维尔已是76岁的老人，就是在这一年，他正式下决心学汉语。据说3年后的1917年，他在广州旅行采访，是以流利的汉语与孙中山对话的。

我们曾对探索宇宙的梦想说："不可能。"但是1969年人类登上月球。我们

曾对飞翔的梦想说："不可能。"可是1784年第一架飞艇诞生。我们也曾无数次在生活面前说："不可能。"但是只要我们不放弃努力，就能将一切不可能变成可能。世间的事非常奇怪，越是人们认为不可能的，做起来越顺畅。第一位发现这个道理的，可以说是哥伦布。

1485年5月，哥伦布到西班牙去游说一些贵族："我从这儿向西也能到达东方，只要你们拿出钱来资助我。"当时，没有一个人阻止他，也没有人刺杀他，因为当时的人认为，从西班牙向西航行，不出五百海里，就会掉进无尽的深渊；到达富庶的东方，是绝对不可能的。

可是，在他第一次航行成功，第二次又要去的时候，不仅遇到了空前的阻力，而且还有人在大西洋上拦截，并企图暗杀他。至于原因，非常明确，因为沿这条航线绝对能够到达富庶的东方，他再去一回，那儿的黄金、玛瑙、翡翠、玉石、皮毛、香料，将会使他富比王侯，不可一世。

越是人们认为不可能的，做起来越顺畅。这一道理，在哥伦布死后就被人遗忘了。直至大约500年后，在华尔街上，才被一位名叫巴菲特的美国人发现。

1973年，全世界没有一个人认为曼图阿农场的股票能够复苏；有人甚至认为，曼图阿不出3个月就会宣告破产。然而，巴菲特不这样看。他认为，越是在人们对某一股票失去信心的时候，这只股票越可能是一处大金矿。果然，在他以15美分的价格买入1万手之后，不到5年，他就赚了4 700万美元。众所周知，现在他已是紧排比尔·盖茨之后的大富翁了。

哥伦布所发现的那个道理，不久又被一个人发现。他是法国的一位小男孩。这个小男孩在7岁时，创办了一个专门提供玩具信息的网站。当时，没有一个人把他放在眼里，没有一家同类的公司与之为敌，也没有哪家行业会来找他签订行业约束条款。他们认为，那个网站只是一个孩子的游戏，成不了什么气候。谁知结果却出人意料，这位小男孩不仅把网站做大了，而且在他10岁时，就通过广告收入，成了法国最年轻的百万富翁。

一般人都认为不可能的事，肯定是十分困难、甚至是难以想象的事。因为太难，所以畏难；因为畏难，所以根本不去问津。不但自己不去问津，甚至认

为别人也不会问津。可以说，世界上真正的大业，都是在别人认为不可能的情况下完成的。在人类一步步从过去走向未来的过程中，不可能实现的事，一件还没有被发现。

出生于美国的普拉格曼连高中也没有读完，却成为一位非常著名的小说家。在他的长篇小说授奖典礼上，有位记者问道：你事业成功最关键的转折点是什么？大家估计，他可能会回答是童年时母亲的教育，或者少年时某个老师特别的栽培。然而出人意料的是，普拉格曼却回答说，是二战期间在海军服役的那段生活：

"1944 年 8 月的一天午夜，我受了伤。舰长下令由一位海军下士驾一艘小船趁着夜色送身负重伤的我上岸治疗。很不幸，小船在那不勒斯海迷失了方向。那位掌舵的下士惊慌失措，想拔枪自杀。我劝告他说：你别开枪。虽然我们在危机四伏的黑暗中漂荡了 4 个多小时，孤立无援，而且我还在淌血……不过，我们还是要有耐心……说实在的，尽管我在不停地劝告着那位下士，可连我自己都没有一点信心。但还没等我把话说完，突然前方岸上射向敌机的高射炮的爆炸火光闪亮了起来，这时我们才发现，小船离码头不到三海里。"

普拉格曼说："那夜的经历一直留在我的心中，这个戏剧性的事件使我认识到，生活中有许多事是被认为不可更改的、不可逆转的、不可实现的，其实大多数时候，这只是我们的错觉，正是这些"不可能"才把我们的生命"围"住了。一个人应该永远对生活抱有信心，永不失望。即使在最黑暗最危险的时候，也要相信光明就在前头。"二战后，普拉格曼立志成为一个作家。开始的时候，他接到过无数次的退稿，熟悉的人也都说他没有这方面的天分。但每当普拉格曼想要放弃的时候，他就想起那戏剧性的一晚，于是他鼓起勇气，一次次突破生活中各种各样的"围"，终于有了后来炫目的灿烂和辉煌。

每个人其实都有着这样那样的"围"：主观认识上的偏见、个性上的不足、客观上的陈规陋习等都制约着我们实现生命价值的最大化。如果我们想在一生中有所作为，我们就必须要学会不停地突围。

然而，一个人要突破各种各样的"围"，不是一件容易的事。首先，我们要有识"围"的智慧。有的"围"是明摆着的，我们一看就知道它妨碍着我们走向远方。但有的"围"是"糖衣炮弹"，你看不到它对你的妨碍，或许你看到了也会有意无意地纵容它挤占心灵的地盘。其次，我们要有破"围"的实力。要突破主观的"围"，我们只需依赖意志；突破客观的"围"，则必须依靠人才、能力了。比起前者，后者的成功更艰难，付出的人生代价也更惨重。

突围是我们给予自己的最好的礼物，如果把我们向往的生活比作一个小岛，突围则是一条平静的航道；如果把我们的生命比作一块土地，突围就是那粒通向秋天的种子；如果把我们的人生比作天空，突围就是那轮光芒四射的太阳……一个人可以出身贫贱，可以遭受屈辱，但绝对不能缺少突围的精神，没有这种精神，你就会失去行走的能力，永远也抵达不了本来可以抵达的人生的大境界。

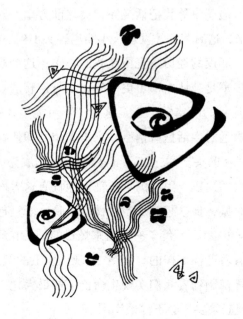

NO.31

对于幸福最简短而充分的描述，就是身体与心理都是健康的。

一个百病缠身的亿万富翁和一个身无分文的年轻小伙子谈起富有的问题，富翁说："我要是有你的健壮的身体，我情愿付出我财产的一半。你那坚实的双腿值一千万，你那起搏有力的心脏也值一千万，你那青春年华更值五千万……"富翁快数不过来了，穷小伙子立刻动了心，同意用富翁的价格出售自己的双腿、心脏、青春年华。于是，富翁变成了健壮的小伙子，小伙子变成了百病缠身的老人。健壮的富翁凭着健壮的身体与头脑又去赚亿万财富去了，而变成富翁的小伙子拿这千万财富仍毫无用处，因为他已不能享受一切，财富已成了他风烛残年的身外之物……

只有健康是自己的，其他的随时都会离你而去。每个健康的人，都是一个大富翁。他可以没有钱，没有权，没有优裕的物质生活，但他拥有了健康，他就是富翁。许多拥有健康的人往往意识不到，只有当他失去健康时，才意识到健康的宝贵。有个人得了一种怪病，失去了疼痛的感觉，为此，他经常被烫伤、碰伤而不觉，此时他才真正感觉到我痛故我在，有疼痛的感觉真好，拥有健康真好！

健康本身是没有价值的，或者说没有正值只有负值。当健康时只是健康地活着而已，健康本身是财富又不是财富，它本身不能生钱，也不能使你获得知识，它只能是你创造财富和知识的条件。但健康的负值都是实实在在的，失去健康肯定失去金钱、知识与能力。健康是金，是事业的前提，是生命的基础。拥有健康就拥有了一切，失去健康就一无所有。

上天给我们最初的健康，就像银行存款，你该让它增长、保值，当心不要

让它破产，否则对你的惩罚是非常严厉的。一个最形象的比方是：用数字来表示，健康是 1，其他所有的东西如事业、财富、名誉、爱情、婚姻等都是 0，有了前面的 1，后面的 0 才有价值。如果前面的 1 没有了，后面的东西再多也是 0。

钱是买不到健康的，但健康却实实在在是创造事业与财富的前提。因此，在创造财富与事业的时候，千万小心，不能浪费你的健康，也不能过多损害你的健康，更不能出卖你的健康。在健康的时候，多想想，多多珍惜你的健康，而不要等到不健康来临时才去维护你的健康！健康的时候不在意健康，"秋月春华等闲过"，一进入中年，生命的机器零部件开始不断出毛病，过度磨损、锈蚀、松弛、残缺接踵而来。牙齿可能开始松动、酸痛，要抽牙髓；胃因饮酒过量而不正常，血压开始升高。或偶有心脏不适，腰酸背痛不时发生，还有那些不在意的病——比如眼袋不经意地出现了，鼻沟处褶皱轻起，第一根白发突然显露于镜中。总之，完全的健康已告别了你。虽然你还未躺在病床上，但亚健康状态是无可争辩地与你相伴了。

这种亚健康与非健康是何时开始的，是在什么年龄段必然出现的，恐怕很难说清，更难概括，只能因人而异。有的人到了五六十岁仍体壮如牛，冬泳不在话下，嚼咬蚕豆易如反掌，有的人在七八十岁仍腿脚灵便，也有九十岁登山甚至跳伞的，但多数人年过三四十便与纯健康绝缘了。

一旦这儿那儿失灵、那儿这儿不适，感觉自己不健康时，便开始思念那健康的日子。这时你多半懊悔：那时注意一下多好，少饮少抽少玩少熬夜多好，能坚持锻炼多好。当然，真能改邪归正，亡羊补牢，也是颇值赞许的，也许从此又能回到那健康的时期，但多半到了没病的时候，也就不会思念与珍惜健康了，所谓好了伤疤忘了疼，也是这个道理。

世间的任何财富都是人创造的，充分利用你健康的体魄去学习，去获得知识与智慧，你就具备了创造财富的条件，就可以得到宝贵的财富，你就会成为财富的主人。

NO.32

天下没有白吃的午餐。

许多年前，一位聪明的老国王召集了聪明的大臣，给他们一个任务："我要你们编一本《古今智慧录》，将世界上最聪明的思想留给子孙。"这些聪明的大臣离开国王以后，工作了很长时间，最后完成了一共有12卷的巨作。国王看了说："各位先生，我相信这是古今智慧的结晶，然而，它太厚了，我怕人们读不完，把它浓缩一下吧！"这些聪明的大臣又进行了长期的努力工作，几经删减后，变成了一卷书。然而，国王还是认为太长了，又命令他们再浓缩。结果这些聪明人把一本书浓缩为一章，然后缩为一页，再变为一段，最后则变为一句。聪明的国王看到这句话时，显得很满意。"各位先生，"他说，"这真是古今智慧的结晶，我们全国各地的人一旦知道这个真理，我们大部分的问题就可以解决了。"这句凝聚世界上最聪明思想的话是："天下没有白吃的午餐。"

一天，一个老人牵着一匹拖着两轮车的毛驴，走进野猪出没的村庄。车上装的是木料和谷粒。老人告诉当地的居民说他要帮助村民们捉野猪。他们都嘲笑他，因为没有人相信老人能做到那些猎人都很难做到的事。但是，两个月以后，老人又回到村庄，告诉村民，野猪已经被他关在山顶的围栏里。

他向居民解释他是怎样捕捉它们的。他说："我做的第一件事，就是去找野猪经常出没的地方，然后我就在空地中间放下少许谷粒作为陷阱的诱饵。那些猪起初吓了一跳，最后，还是好奇地跑了过来，由老野猪开始在周围闻味道。老野猪猛尝了一口，其他猪也跟着吃，这时我知道我能捕到它们了。第二天我又多加了一点谷粒，并在几尺远的地方树起一块木板。那块木板像幽灵一样，暂时吓退了它们。但是白吃的午餐很有吸引力，所以不久以后，它们又回来吃

一生受益的至理名言

了。当时野猪并不知道，它们已经是我的了。此后，我要做的是每天在谷粒旁边多树立几块木板而已，直到我的陷阱完成为止。每次我加进一些东西，它们就会远离一阵子，但最后都会再来'白吃午餐'。围栏做好了，陷阱的门也准备好了，而不劳而获的习惯使它们毫无顾忌地走进围栏。这时我就出其不意地把它们捕捉了。"

这个故事是真的。寓意很简单：一只动物要靠人类供给食物时，机智就被取走了，接着它就会遇到麻烦。人类也是如此，美国彩票公司做过统计，发现很多获巨奖的人们，若干年后，不是比以前更有钱，而是变得更穷了。飞来的财富使他们好逸恶劳，最终生活瓦解、家庭混乱、工作破灭——免费的午餐不会使你步入人生的辉煌。

请记住，天下没有白吃的午餐，也没有唾手可得的丰功伟绩。在现代竞争社会中，优胜劣汰，已属公理。尽管你天生聪明过人，但是假如你自己不肯努力，不肯积极奋斗、勤于进取，成就终归有限。古人说"哀莫大于心死"，悲剧多来自于不切实际的幻想，而产生贪图享受的向往，任何不劳而获的念头都是危险的。

不错，不劳而获者确实常常享受快乐，每当他们不劳而获、坐享其成时，都会有自鸣得意的快感。但是必须看到，不劳而获者的最大特点是自己不劳动而占有别人的成果，因此他们的所谓快乐往往是建立在损人利己、损公肥私、甚至是别人的痛苦之上的。这样的快乐，是不道德、不理性、不健康的快乐，是备受良心责备的快乐，不是我们所要追求的快乐。不劳而获者往往贪得无厌，欲壑难填，很难有真正的快乐可言，不劳而获得到的快乐不过是一场黄粱美梦而已。一个人如果一心只想坐享其成，只想不择手段地寻求不劳而获的快乐，那么结果只能是适得其反，乐极生悲，导致无尽的烦恼和惊恐。

所谓的摘苹果理论就是，一个人应该努力去采摘那些需要经过付出艰苦劳动才能够得着的"苹果"——目标。跳起来摘"苹果"，是在人生旅程中不断挑战自我，不断超越自我，不断砥砺自我，用更高的目标激发自己的潜能和潜力，永不满足，永不懈怠，永不怯懦，执著地向人生的更高目标攀登。跳起来摘

"苹果"，不是好高骛远，不是故意制造悬念。恰恰相反，它需要清醒的头脑，理智的思维；需要科学的态度，丰富的知识；需要务实的精神，坚强的意志；需要脚踏实地，持之以恒。

能不能跳起来摘"苹果"，决定于人生的状态、人生的质量和人生的价值。那些做一点事就怕苦怕累、那些整天想着怎么不劳而获的人，他们是不会跳起来摘"苹果"的。他们的生活也因此而常常平淡无奇，生命也毫无精彩可言。那些常常主动跳起来摘"苹果"、积极为自己设置更高目标的人，他们的生活也因此而变得更加灿烂，生命因此而变得更加富有价值，人生因此而变得更加美丽辉煌！

凡是有责任感的人都会同意"没有白吃的午餐"与"你无法不付出代价就得到一些东西"是无上真理。责任感是一个人在社会上立足的资本，如将工作视为乐趣，人生就成了乐园。人生的意义就在于创造，人生的幸福主要是从工作中获得，人生的快乐与安慰就是勤勉努力的表现。工作显示人的独立人格，树立人的坚强信心，培养人的乐观心情。只有热爱工作者，才是幸福的人。

一生受益的至理名言

NO.33

当你被欲望控制时，你是渺小的；
当你被热忱激发时，你是伟大的。

拿破仑发动一场战争只需要两周的准备时间，换成别人却需要一年，这中间之所以会有这样的差别，正是因为他那无与伦比的热忱。战败的奥地利人目瞪口呆之余，也不得不称赞这些跨越了阿尔卑斯山的对手："他们不是人，是会飞行的动物。"拿破仑在第一次远征意大利的行动中，只用了15天的时间就打了6场胜仗，缴获21面军旗、55门大炮，俘虏15 000人，并占领了皮德蒙特。

在拿破仑这场辉煌的胜利之后，敌军的一位奥地利将领愤愤地说："这个年轻的指挥官对战争艺术简直一窍不通，用兵完全不合兵法，他什么都做得出来。"但拿破仑的士兵也正是以这么一种根本不知道失败为何物的热忱跟随着他们的长官，从一个胜利走向另一个胜利。

一旦缺乏热忱，军队无法克敌制胜，艺术品无法流传后世；一旦缺乏热忱，人类不会创造出震撼人心的音乐，不会建造出令人难忘的宫殿，不能驯服自然界各种强悍的力量，不能用诗歌去打动心灵，不能用无私崇高的奉献去感动这个世界。也正是因为热忱，伽利略才能举起他的望远镜，最终让整个世界都拜倒在他的脚下；哥伦布才能克服艰难险阻，领略到了巴哈马群岛清新的晨风。凭借着热忱，自由才获得了胜利；凭借着热忱，林中的原始民族举起了手中的利斧，砍出了通往文明的道路；也是凭借着热忱，弥尔顿、莎士比亚才在纸上写下了他们不朽的诗篇。

热忱，就是一个人保持高度的自觉，就是把全身的每一个细胞都调动起来，

完成他内心渴望完成的工作。正是出于这种热忱，雨果在写作《巴黎圣母院》的时候，才把自己的外衣都锁入柜中，一直到作品完成以后才拿出来。他这么做的目的，就是为了能够全神贯注地投入工作。

一个年轻人最让人无法抵御的魅力，就在于他满腔的热忱。在年轻人的眼里，未来只有光明，没有黑暗，即使遇到险境，最终也可以转危为安。他不知道世界上还有"失败"这两个字；他相信，人类历史过程中所有的劳作，都是为了等待他的出现，等待他成为真善美的使者。

年轻人总是热情洋溢，他们面对朝阳，影子留在身后。年轻人听任心灵的支配，而成年人则受大脑的控制。一个满怀热忱的青年，他的机会远远比别的青年要更多——这是一个属于年轻人的时代。他们的热忱就是他们的王冠，一切庸碌无为之辈，都应该在他们面前俯首称臣。

千万不要失去热忱。我们每个人都应当有一些引以为荣的东西，对那些真正高贵的事物要保持一种景仰之情，对那些可以使我们的生活变得充实美丽的东西，永远也不要失去兴趣。

成功与其说是取决于人的才能，不如说取决于人的热忱。这个世界为那些具有真正使命感和自信心的人大开绿灯，到生命终结的时候，他们依然热情不减当年。无论出现什么困难，无论前途看起来是多么的暗淡，他们总是相信能够把心目中的理想图景变成现实。

热忱，使我们的决心更坚定；热忱，使我们的意志更坚强!它给思想以力量，促使我们立刻行动，直到把可能变成现实。不要畏惧热忱，如果有人愿意以半怜悯半轻视的语调把你称为狂热分子，那么就让他这么说吧!一件事情如果在你看来值得为它付出，如果那是对你的努力的一种挑战，那么，就把你能够发挥的全部热忱都投入到其中去吧，至于那些指手画脚的议论，则大可不必理会。一个人要是把他的精力高度集中于他所做的事情(他是如此虔诚地投入其中)，是根本没有时间去考虑别人的评价的，而世人也终究会承认他的价值。

对你所做的工作，要充分认识到它的价值和重要性，它对这个世界来说是不可或缺的。全身心地投入到你的工作中去，把它当做你特殊的使命，把这种信念深深植根于你的头脑之中。就像美一样，源源不断的热忱，能使你永葆青春，让你的心中永远充满阳光。

一生受益的至理名言

NO.34

用笑脸来迎接悲惨的厄运，用百倍的勇气来应付一切不幸。

西班牙港口城市巴塞罗那有一家著名的造船厂。这个造船厂从建厂的那一天开始就立了一个规矩，所有从造船厂出去的船舶都要造一个模型留在厂里，并把这只船出厂后的命运由专人刻在模型上。厂里准备了专门的房间来陈列船舶模型。因为此造船厂历史悠久，所造船舶的数量不断增加，所以陈列室也逐步扩大变成了现在造船厂最宏伟的建筑，里面陈列着将近10万只船舶模型。

所有走进这个陈列馆的人都会被那些船舶模型所震慑，不是因为船舶模型的精致和千姿百态，也不是因为感叹造船厂悠久的历史和西班牙对航海业的贡献，而是因为每一个船舶模型上面所雕刻的文字！

有一个名叫"西班牙公主"的船舶模型上雕刻的文字是这样的：本船共计航海50年，其中11次遭遇冰川，有6次遭海盗抢劫，有9次与另外的船舶相撞，有21次发生故障抛锚搁浅。在陈列馆最里面的一面墙上，是对造船厂所有出厂船舶的概述：造船厂出厂的近10万只船舶当中，有6 000只在大海中沉没，有9 000只因为受伤严重不能再修复航行，有6万只船舶遭遇过20次以上的大灾难，没有一只船从下海的那一天没有过受伤的经历……现在这个造船厂的船舶陈列馆，早已突破了原来的意义，成为西班牙人教育后代获取精神力量的象征。

这正是西班牙人吸取智慧的地方：所有的船舶，不论用途是什么，只要到大海里航行，就会受伤，就会遭遇灾难。

在生命的航程中，每一个人都是一条船，没有人喜欢风浪，没有人希望受伤，可是只要不停止航行，就会遭遇风险。没有风平浪静的海洋，没有不受伤

的船。生活也是一样，对于生命中无法选择的事，我们要敢于直面，直面心灵的磨难，人生的磨难。这就是生活。

生命中有很多不得已的事不以人们的意志为转移地发生了，我们无法选择，无法逃避，只能接受它。接受自己的出生，接受自己成长的环境，接受自己的父母，接受生命中的老师，接受生命中每一次不经意的打击，接受疾病的折磨。只有磨难才会升华我们的灵魂。磨难是人生的一本书，是一部具有启迪性的教材，它能教你怎样去走人生的路。磨难是一块磨刀石，它不断磨炼你的意志，使你更加成熟，更加坚强。磨难留给你的记忆远远超过快乐。快乐似一股清泉流经心田，不会溅起太大的漩涡；而磨难就像一把雕刻刀，要在你的心壁上刻下深深的印记，使你会常常想起它。

在磨难面前，如果你表现出满面愁容、满腹畏惧、束手无策，或者是听任摆布、心灰意懒、一蹶不振……这一切，都是命运这位摄影师为懦夫拍摄的种种形态。而强者则会像鲁迅所说的"用笑脸来迎接悲惨的厄运，用百倍的勇气来应付一切不幸"，他们把理想之火燃得更旺，把希望和探索的掘进器把握得更紧，敢于踏着失败的硝烟，一次次不屈不挠地搏击。结果，磨难变成一块刀石，磨利了他们思想的剑刃；磨难变成一座铁砧，打造了他们意志的钢纤。当他们终于走向成功和胜利的时刻，甚至还想为"磨难"颁发一枚特殊的勋章！

磨难有时会成为人生的一大财富。无论我们面对的是风浪，还是荣誉，一切都会过去。在1954年，巴西的所有人都认为巴西足球队能荣获世界杯冠军，可在半决赛中却输给了法国队。当球员痛苦地回国后，发现总统和两万多名球迷站在机场，人群中有两条横幅格外醒目："失败了也要昂首挺胸；这也会过去。"四年后，巴西队不负众望赢得了世界杯。自动聚集的人群超过了100万，也有两条横幅："胜利了更要勇往直前；这也会过去。"

我们向"磨难"要勇气，要智慧，要韧性，要成功！做生活中真的勇士，正如鲁迅所说："真的勇士，敢于直面惨淡的人生。"

NO.35

我们的善行必须受我们过失的鞭挞，才不会过分趾高气扬；我们的罪恶依赖我们的善行把它们掩盖，才不会完全绝望。

台风过后，一个男孩来到大海边，把沙滩上的一条条小鱼扔进大海。

"你在干什么？"一个行人问。

"我在救这些小鱼。"男孩头也不抬地说。

"这么多鱼你救得过来吗？"

"我救一条是一条，如果我把这条鱼救活了，海里又多了一个生灵。"男孩认真地说。

行人问："谁会在乎你所做的呢？"

男孩捧起一条小鱼放进大海说："它在乎。"又捧起一条小鱼说："它也在乎。"

人世间最宝贵的是什么？雨果说得好：善良。"善良是历史中稀有的珍珠，善良的人几乎优于伟大的人。"一句善言，万两黄金难求；一颗善心，一座神圣庙宇。善良是永恒的春天，是黑夜中的灯火，是精神世界的阳光，是照耀万古的星辰。

善良是永远不令人厌恶的一种品德，犹如天使一般，即使穿着褴褛的衣裳，也会得到人们的尊敬与崇尚；即使弱小和纤细，也会让人感到无比高大。

善良使人美丽。仁厚的心境孕育人美丽的容颜，铸造人健康的气质。慈祥、亲切和宽容使人的五官散发出春天的气息；热情、坚强和正气使人的脸庞喷吐

出夏日的蓬勃。这种美丽让人陶醉，让人感动，让人自觉不自觉地想亲近你。

善良衍生真诚。良好的品行是生长真诚的土壤，是酿造真诚的原浆。一个灵魂肮脏的人不可能发出真诚的微笑，一个心理不健康的人不可能演绎出真诚的故事。真诚的笑容、真诚的言行给人安全感和信任感，使人对你放心，愿意和你合作，和你同甘共苦。

相反，如果你胸中没有善良的情愫，你也就失去了一颗平和的心，你便不会用一种平和的心态对待您所际遇的人和事。之所以有那么一种拔一毛利天下而不为的人，其实并不在于拔一毛给他本身带来多少损失，而在于他缺乏拔一毛而使天下人得利这种善良的胸怀。这种人的胸中除了自私、狭隘，已经容不下与他自身利益并无大碍或者并无根本利害冲突的善良，除了幸灾乐祸或我不幸天下人皆应不幸的这种阴暗心理之外，我们很难在这种人身上找到其他更多的情怀。因为这种人远离了善良，随之而来的嫉妒、仇恨、不平便会把他燃烧得焦躁不安。所以，这种人不但容不得他人发财、升迁，甚至看不惯他人拥有良好的心情和灿烂的笑容。所以，凡是与这种人不能利益与共的人便都成了他臆想的对手，于是也就成了他防犯或攻击的对象。其实这种人真的活得很苦、很累，很令人为他悲哀。

对于芸芸众生来说，也许创造辉煌或走向伟大确实不是一件容易的事，但要拥有一颗平和而善良的心，并以此善待社会、善待他人又似乎是一件并不那么复杂、那么困难的事。给迷途者指条路，向落难者伸出一只手，用会心的笑祝贺友人的成功，用真诚的话鼓励失落的同事等等，这种看似轻而易举的行动，其实并不仅仅只是朴素的善良，而是用善良浸润后的灵魂折射出来的人格光辉，是经过善良沐浴后而散发出来的平和心态。经过这种人格光辉照耀和用平和心态武装起来的人就一定会拥有一种美好的感觉和亮丽的情怀，他便会经常陶醉在因善良的举动而引发出来的幸福之中，而不会因为愧对他人或心存嫉恨而产生无缘无故的内疚或愤怒。因此，无论是观景、观物，还是看人、看事，都会从内心深处荡漾出平和而温馨的幸福。

只要我们善良，我们便有了海的浩瀚和大地的宽广，拥有了鲜活的人生和无限的时空；生命万物便会因为善良的滋润而显得生动明丽，多彩的人生便会因为拥抱善良而更加丰盈。

一生受益的至理名言

NO.36

在顺境中心存感恩，在逆境中心存喜乐。

曾有一个佛陀，乘船渡江，不想风大浪高，把船打翻了。佛陀像一片树叶般的在江中沉浮了许久，才筋疲力尽地爬上岸来。到了岸上的第一件事，他不是责骂船家的无能让他丢失随身携带的一切，也不是诅咒恶风险浪差点要了他的命，而是跪在沙滩上遥拜师父："谢谢师父！"有人不解地问："你为什么不谢谢菩萨？"佛陀说："菩萨并没有教会我游泳，而是师父每次强把我拉入水中，把我教会的。不是师父，我命今日休矣！"

每个人一生中经历过许多不同的事，遇到过很多不同的人，收获了很多，也可能失去过很多。可是我们自问：有没有带着一份感激的心情，去面对所有在你身边擦肩而过的朋友？有没有用真心去捕捉从你身边瞬间即逝的事情？

对一切美好的事物心存感激吧！心存感激将使你的心和你所期盼的事物联系得更紧；心存感激将使你获得力量，使你对生活，对一切美好事物充满信心，从而一生被美好的事物所包围。我们不可能孤立地活在这个世界上。我们每时每刻与身边的每个人、每棵花草、每滴雨露，都有着千丝万缕的联系。感激身边的每个人，他们证明了我们存在的价值；感激脚下的每棵花草，它让我们吮吸了生命的芬芳；感激草叶上的每滴雨露，它展示了生命的勃勃生机。不懂得感激的人是可叹的，因为他拆除了在这个世界上通问更高顶点的阶梯；不懂得感激的人是孤独的，因为他割断了给生命以温情和友爱的纽带；不懂得感激的人是无知的，因为他关闭了生活给我们输送幸福的管道。

感激困境中曾给予你力量的人，因为他增强了你的自信；感激顺境中曾提醒过你的人，因为他校正了你的航向；感激曾伤害过你的人，因为他磨炼了你

的心态；感激曾绊倒过你的人，因为他强化了你的双腿；感激曾欺骗过你的人，因为他增进了你的智慧；感激曾蔑视过你的人，因为他教会你该独立；感激在背后默默关心你的人，因为他让你明白什么叫幸福；感激给你收获的季节，因为它让你懂得了什么叫成熟。

感激是春天里的和风细雨，催开了蕴涵希望的蓓蕾；感激是夏日里的惊雷，撕开了遮蔽你心田的荫翳；感激是秋日里结出的丰硕果实，映照着你丰收的笑脸；感激是冬日里烘焙大地的暖阳，化解着我们人生的严寒。感激是让幸福抽芽的养料，感激是让希望蔓延的和风，感激是让成功拔节的琼浆，感激是让友善传递的火把。

学会感激，我们会更加热爱生命。现年 50 岁、已有一个孩子的埃莲娜称得上是世界上绝无仅有的女人，她有一项谁都不愿意"创造"——当然她自己也不愿意"创造"的——世界纪录：她的身体迄今为止已进行过大大小小 168 次手术！

埃莲娜无论走到哪里，身上都携带着一个有着红十字标志的包，包里装着埃莲娜本人的病历，身体各项指标的资料，还有医院的名称和地址，准备病情一旦发作时能随时被人紧急送往医院。此外，埃莲娜每天要服 42 种药剂和药丸。如今的埃莲娜称得上是"体无完肤"，她的身上到处都是手术后留下的伤疤，由于针头扎得太多，她手臂上的静脉已经完全不顶用了，于是，外科医生给她安装了一个特制的人工塑料静脉，这种静脉无论扎多少针都不会坍陷。

在医院里，埃莲娜被医生作为一个不可多得的榜样来鼓励其他病人。埃莲娜本人也非常愿意用自己非凡的经历去感染其他病人，去帮助他们克服对疾病的恐惧心理。即使对于健康的人，埃莲娜的话也不无教益："只要我能活着，我就已经心存感激了；如果我还能拥有健康，那就是莫大的幸福了。我会无比珍惜它！"

一位哲人说过："我只想要一片绿叶，你却给了我整个春天。"感激就是这样一片小小的绿叶，当我们把绿叶奉献给世界时，世界却回报我们整个春天，给我们意想不到的收获。当我们以感激之心报答桃李时，我们良好的品行会为我们铺平一条通向生命果园的道路。

一生受益的至理名言

NO.37

如果你要有所作为，便要专注！

一群年轻人到处寻找快乐，却遇到许多烦恼、忧愁和痛苦。

他们向苏格拉底请教：快乐到底在哪里？苏格拉底说："你们还是先帮我造一条船吧！"年轻人暂时把寻找快乐的事儿放在一边，找来造船的工具，用了49天，锯倒了一棵又高又大的树，挖空树心，造出了一条独木船。独木船下水了，他们把苏格拉底请上船，一边合力荡桨，一边齐声唱起歌来，苏格拉底问："孩子们，你们快乐吗？"

他们齐声回答："快乐极了。"

苏格拉底笑着说："快乐就是这样，它往往在你为着一个明确的目标忙得无暇顾及其他的时候突然来访。"

有时候，人生像海，平静时，一片茫茫……遥远得、没有边际得令人无所适从……但忽然间，波涛汹涌起来了，澎湃着怒号着，不可遏止……后浪推前浪，前浪推着前浪的前浪。大势所趋，不由得你不随波逐流……待到风平了，浪静了，留下来的仍是一片茫茫，疲乏地，懒散地带着波涛的回忆……

有时候，人生如一张白纸，怎样的情景，怎样的足迹，来去全由自己。于是经历着、扭曲着、涂鸦着，总是在发现自己脏了的时候才幡然醒悟纯洁的可贵……于是，人们通常在遭遇失意与挫折的时候，常常感叹命运多舛：为什么有的人天生便是骄子，有的人一落地便被遗弃，更有的人跋涉终生仍走不出命运的圈子？

通常，也只有人类自己会把这些所谓的"不公"嫁祸于"上帝"。相形之下，终于明白为什么我们会更惊诧于"飞蛾扑火"的专注。既然一切生命体都

害怕死去，那么或者可以理解为"活着便是最大的幸福了"。但是谁又能够体味飞蛾这种"以专注答复生命"的无憾呢？

专注，是成功的基石，所以说，完成任何一件事都不是那么容易的。要获得成功，没有捷径，异想天开之后还是寸步未行。只有专注地全情投入和不断领悟，才能够穿越理想之巅。生命原本就是大自然赋予的，那么生存的极致莫过于"积极地以生命回报大自然"的境界……

将一种目标等同于自我生命的价值：比如蜜蜂春酿，比如飞蛾扑火，比如"春蚕到死丝方尽，蜡炬成灰泪始干"，不正是"以专注答复生命"的写照吗？

人生有目的，你就会集中精力在最要紧的事上，同时你也会觉得快乐。

人的天性很容易被琐碎的事分心。我们以自己的人生来玩追逐琐碎事务的游戏。梭罗观察发现，人们过着一个"安静的绝望"的人生，今天，更好的描述则是"无目标的骚动"。许多人就像陀螺，毫无目的不停地以高速转动，但始终留在原地，毫无进步。

没有清楚的目的，你会不停地转换方向、工作、人际关系或其他外在事物，期望每一次改变会解决你的困扰或填满你内心的空虚。你心想："或许这次会不一样。"可是真正的问题——缺乏焦点与目的——并没有解决。

我们可以从光学中看到焦点的重要。分散的光只有极少的能力和作用，但把它们凝聚起来却可以形成巨大的能源。用一面放大镜可以凝聚太阳光，从而点燃纸张。当光被集中成为雷射线时，连钢铁都能穿透切断。

专注又有目的的人是大有能力的。能改变历史的伟人，都是生活专注的人。例如使徒保罗，他几乎是一手独力把基督信仰传遍罗马帝国的。他的秘诀就是过一个专注的人生。他说："我将我所有的精力专注在一件事上，就是忘记背后，努力向前的。"

如果你要有所作为，便要专注！不要在池边戏水，不要想什么都做；少做一些，甚至删除一些好的活动，只专心做真正要紧的事。不要将活动与绩效混为一谈，你很可能非常忙碌却毫无目的，那有何意义呢？保罗说："要专心竭力追求目标，我们心里所想要的一切，神会赐给我们。"

一生受益的至理名言

青少年智慧人生丛书

NO.38

没有人确切地知道自身的使命是什么，不同的区别仅在于是否去寻找然后承担。

一个农夫在他的农舍里发现了一只和鸡差不多的鸟，它这里抓抓，那里扒扒，动作和鸡没多大异样，农夫说："这不也是鸡吗？"这时来了一个智者，他对农夫说："把它给我吧。"

这个人把这只鸡带到了山顶，在日出来临的时候，面对着满天殷红的霞光，动情地说道："飞吧，鹰！"鹰抖了抖翅膀，一飞冲天，扶摇远去了。

小林秀雄先生在《莫扎特》一书中写道："对强韧的精神而言，恶劣的环境也是实在的环境，既不缺什么，也不少什么。""生命力中有一种能力，能将外在的偶然看做内在的必然。这种思想是宗教式的，但它并不是空想。"这便是和环境搏斗，并战而胜之的人类能力。它是精神的力量，能将外在的偶然性看作内在的必然性。这种无限的力量就蕴藏在我们自己生命之中，我们若能切实感受并加以发挥，也就找到了我们真正的人生之路。

这样努力下去，不为任何环境所屈，总是忠实于自己，发展自己，于是便奏响了人生的凯歌。佛法中有所谓"梅樱桃李"的命题。比如梅花，于春光初见之时，首先开出高雅的花朵；然后是樱花盛开的季节，它也尽显风姿；桃花、李花也都各领风骚。同样，人也应当让自己的生命开出美丽的花朵，要知道，我们生命内部本身就有催开绚丽鲜花的神力。

那么，带来这种神力的东西是什么呢?这便是对自身"使命"与"责任"的深刻觉悟。某些人以根本的"法则"为基准，始终坚持一定的生活道路，即将使命和责任视为非我莫属的。这样的人就会不断开拓自己的生命，就和梅、樱、桃、李一样，迟早会开出灿烂的鲜花，散发出阵阵清香。他就可以最大限度地发挥生命的作用，并为此感到骄傲、满足和充实。

不管是哪种人，都是带着某种使命而生于世上的极其宝贵的人。这种使命并不体现于外部相对立的世界中，而体现在与自己搏斗、战胜自己、贯彻自己信念之时。人生的一切，都是自己生命现象的表象，是自己生命的反映，人绝不为外界而活着。有人曾说："要为自己的生命而活下去。"这句话具有深刻的内涵和千钧的分量，指出人生终极目的之所在。

使命之于人的一生，是最为持久的奋斗动力。使命，不同于理想，不同于目标：说简单了，它是一个人一种趋于神圣的感觉，说深了，使命是一个人生命的意义。唯有永不言弃的英雄，才能真正体会到在完成使命过程中所产生的真实感觉。

一些哲学家指出：人们应该在短促的一生中承担并完成一定的人生的以至于历史的使命，以自己的业绩为自己的人生树立一座丰碑。的确，人生的使命就是实现生命的价值。人们之所以珍惜生命，是因为生命本身就蕴涵着巨大的价值。在所有价值中，最首要的是生命的价值本身；所有的价值都是相对于人而言的，而失去了生命，人自身的价值便无从谈起，其他的价值也都失去了意义。从这一点来讲，"人活着就在使用生命"，"依据生命创造价值"对于人的生命的价值，从生物学的角度是无法深刻理解的，从社会的角度去理解，就有了特定的意义。一个人如果仅仅活着，除了吃喝之外什么也不会做或什么也不愿做，就无异于一具活着的僵尸，毫无价值可言。人的生命之所以有价值，就在于它是其他一切价值的源泉，能创造其他一切价值，使其他一切价值得以实现。生命是创造之本，是创造之源。没有生命，就没有创造，生活就会失去它应有的意义。

人，生于天地，若沧海之一粟，每一个人都有其独特的人生轨迹，在社会中都有其特定的角色。人生的使命就是扮演好自己那特定的角色。在人的一生中，许多人都大不知道自己的使命是什么而碌碌无为。造就伟大的秘密只是有些人因为肩负了使命的责任而成就伟大。

一生受益的至理名言

NO.39

人不是为失败而生的。一个人可以被消灭，但永远不能被打败。

　　海明威的《老人与海》讲述了一个老人出海打鱼的故事。主人公桑提亚哥连续出海84 天，一条鱼也没捕到。可是，"那双眼睛啊，像海水一样蓝，是愉快的，毫不沮丧的。"原先跟随桑提亚哥出海捕鱼的小孩，谈到爸爸把他叫到别的船上去时说："他没多大的自信。""是的。"老头说，"可是我们有，你说是不是？"是的，这位捕鱼的老者有自尊、自信和勇气。如果不是这样，在持续了那么多天的背运之后，他还能出海捕鱼吗？尤其是在唯一的伙伴——那个孩子——也离开了他时。孤独的老渔夫桑提亚哥，在茫茫大海上和各种鲨鱼纠缠、搏斗了三天三夜，最后拖回家的只是一副 18 英尺长的鱼骨架，唯一完整的是鱼头和尾巴。老人的一切努力，都被大海消灭了。在浩瀚无常的大海面前，人，永远处于弱势。可这个老人，在丢失了所有的工具、耗尽体力、面临湍急的海流和鲨群的攻击，躺在甲板上无助地休息的时候，想的是："人不是为失败而生的。一个人可以被消灭，但永远不能被打败。"

　　《老人与海》的读者常常为空手而归的桑提亚哥发出同情的感叹，然而，茫茫大海对他来说是一种挑战，并不是他谋生的场所。这位消瘦憔悴的老人和海明威颇为相似，他意识到自己的男子气概，说话就像踩了高跷走路那样不大自在。也许是他善于作心理提示，也许是他历来喜爱自夸，他数次称自己为"不同寻常的老头儿"。老人鄙夷地说起其他渔民可"不会愿意驶到很远的地方"。老人还相信自己的心脏像海龟的心脏一般强健，即使开膛剖腹，"还会跳动好几个钟点"。这位貌似平和的老者像年轻人一样野心勃勃，他要凭自己原始的工具征服大海，征服大鱼，不图任何回报，只想显示超常的拼搏精神。从捕杀马

林鱼他联想到捕杀太阳、月亮和星星，他为自己不必从事这类"伟业"而庆幸。人们对天体往往存有敬畏之心，但它们在桑提亚哥看来竟然也是猎取、征服的对象。虽然这联想实在豪迈得过了头，但它确实反映了老人征服者的雄心，反映了一个科学时代的迷信：人类没有固有的弱点，人可以凭借自身的力量征服自然，征服一切。

一个男子汉，要有一种压倒一切的气概！是这样的。如果说失败是一种很好的教育，这话听起来的确像是自我安慰，但只要你是个有心人，实在应该好好思考一番这句话的深刻含义。也许我们不知道居里夫人在发现镭之前经历过多少次的失败，不知道曼德拉经受过多少苦难……任何一个人的一生都不是一帆风顺的，许许多多有志向的年轻人，也都是蔑视失败，为了理想勇往直前地奋斗的。这些例子举不胜举，都是我们耳熟能详的，虽然有些口号式地让人厌倦，但并不是没有道理的。

我们应该感谢失败！它使我们头撞南墙的时候知道回头向北或向东试试，而不会继续沿着一条错误的道路走到黑。我们应该感谢那些在我们失败的时候依然不抛弃我们的人！他使我们知道自己并不是孤军奋战。既然人生永远也无法摆脱失败的阴影……不是吗？我们的结局其实……终归是要失败的，至少我们是无法战胜死神的，但是生命的意义就在于和失败作战所取得的成绩。被小小的失败所击溃的人生实在令人惋惜，那么让我们迎接更大的失败吧！即使我们的物质存在被消灭了，唯愿我们永不言败和永不惧败的人之精神获得永生。面对生活，我们都是一个战士，每个人可以在死之将至的那一天，可以问心无愧地说：我是个战士，一个永远战斗的战士。在人生的战斗中，我没有屈服，没有投降，而是一直为了理想战斗着。无论结局如何，我无愧于一个真的战士的称谓！

一生受益的至理名言

NO.40

不存在没有热情的智能，也不存在没有智能的热情，如果没有勤奋，也不存在热情与才能的结合。

在美国，有一个人在一年之中的每一天里，都几乎做着同一件事：天刚刚放亮，他就伏在打字机前，开始一天的写作。一年之中，他只有3天的时间是例外的，不写作。也就是说，他只有3天的休息时间。这3天是：生日、圣诞节、美国独立日（国庆节）。勤奋给他带来的好处是永不枯竭的灵感。缪斯女神对那些勤奋的人总是格外青睐的，她会源源不断地给这些人送去灵感。这个男人名叫斯蒂芬·金，是国际上著名的恐怖小说大师。

斯蒂芬·金的经历十分坎坷，他曾经潦倒得连电话费都交不起，电话公司因此掐断了他的电话线。后来，他成了世界上著名的恐怖小说大师，整天稿约不断。常常是一部小说还在他的大脑之中储存着，出版社就把高额的订金支付给了他。如今，他的每一天，仍然是在勤奋的创作之中度过的。

斯蒂芬·金成功的秘诀很简单，只有两个字：勤奋。斯蒂芬·金和一般的作家有点不同。一般的作家在没有灵感的时候，就去干别的事情，从不逼自己硬写。但斯蒂芬·金在没有什么可写的情况下，每天也要坚持写五千字。这是他在早期写作时，一个老师传授给他的一条经验，他也是坚持这么做的，这使他终身受益。他说，"我从没有过没有灵感的恐慌。"做一个勤奋的人，阳光每一天的第一个吻触，肯定是先落在勤奋者的脸颊上的。

勤奋是实现理想的奠基石，是补拙益智的催化剂，是通向成功彼岸的桥梁，是自学课堂里的老师，是人生航道上的灯塔。

　　勤奋属于珍惜时间、爱惜光阴的人，属于脚踏实地、一丝不苟的人，属于坚持不懈、持之以恒的人，属于勇于探索创新的人。因为勤奋，安徒生从一个鞋匠的儿子成为童话之王；因为勤奋，罗曼·罗兰获得了20年心血的结晶——《约翰·克利斯朵夫》；因为勤奋，巴尔扎克给人类留下了宝贵的文学遗产——《人间喜剧》；还是因为勤奋，爱迪生才有了1 000多种伟大的科学发明，爱因斯坦才得以创立震惊世界的相对论，中国古人才给我们留下了悬梁刺股、凿壁偷光、囊萤映雪的千古美谈。

　　爱因斯坦曾经说过："在天才和勤奋之间，我毫不迟疑地选择勤奋，她几乎是世界上一切成就的催生婆。"高尔基有这么一句话："天才出于勤奋。"卡莱尔更曾激励我们说："天才就是无止境刻苦勤奋的能力。"

　　亿万富翁埃克莱斯顿已是73岁的高龄，却没有丝毫安享晚年的念头，依然在辛勤地为F1的未来操劳。虽然已到了古稀之年，但埃克莱斯顿依然能从每天的工作中感到快乐，因为他喜欢工作中遇到的挑战："我喜欢挑战，不管发生什么，我都会努力去做到最好，这是我的爱好。"

　　"你能取得今天的成就，靠的是什么？回首往事，最让你感到骄傲的是什么？"曾经有记者这样问埃克莱斯顿。

　　"靠勤奋和机遇。至于说过去值得骄傲的事，我可以告诉你，我从不回忆过去，我只向前看。过去发生的一切都已是历史。你不需要坐下来思考你的过去，因为在你脑中已知道哪些是该做的，哪些是不该做的。"埃克莱斯顿沉着地回答。

　　勤奋并不需要有推动力，只要你能欣赏人生，你能欣赏日出日落，你懂得珍惜，你自然会勤奋，因为你不会也不希望错过生命送给你的每一个机会。记住：人生最大的差距是勤奋的差距，人生最大的遗憾是勤奋不够。

一生受益的至理名言

NO.41

没有卑微的工作，只有卑微的工作态度。

　　一个乞丐跪在路边向路人叩头。人们看他实在太可怜，都纷纷施舍一些零钱给他。一天，乞丐一分钱也没能要上。他跪在地上，眼巴巴地看着前面，期待好心人出现。正在这时，一个风度翩翩的先生走了过来，于是他叩头的速度更快，叫声也更加凄楚："好心的先生，给点钱吧，给点钱吧！"他哀切的乞求声引起了那位先生的注意，他停下了脚步。

　　"站起来吧，对跪着要钱的人，我向来是分文不给的。"

　　一般的路人不给就不给，连一句话都不说。而这句话像是给乞丐施了魔法一般，乞丐站了起来，他不知道自己站了起来是因为想要到钱，还是因为别的。他伸出手去，但那位先生还是丝毫没有给钱的意思。

　　"知道我为什么不给你钱吗？"

　　"不知道！"乞丐摇了摇头。

　　"因为第一，任何人不欠你的钱，他没有义务给你钱；第二，你年轻力壮，应该自食其力，不应该向人要钱；第三，就算要钱，也应该是不卑不亢的，可你却跪着要钱，为了几文小钱就给人下跪叩头，你也太自轻自贱了。你自己不把自己当人，怎么指望别人把你当人呢？"

　　"不给就不给，说那么多干吗？"乞丐有些不耐烦了。

　　"我不给你钱，我也不给任何人钱。但是我可以把钱借给你，你可以用这笔钱做些小生意，等以后条件好了你再还给我。"那位先生把钱和名片一起递了过来："我相信你一定能凭着自己的劳动挣上你应该挣到的钱。"

　　乞丐的眼睛眨巴了半天，终于，两行热泪从他脸上滑了下来，自从在街头行乞以来，还一直没有人对他说过这样的话，人们对他除了辱骂就是嘲笑，这样推心置腹的交谈还是第一次。

态度

一个"借"字使他恢复了自尊，感到了信任。他从自暴自弃中走了出来，从别人的怜悯中走了出来。他用那位先生借给他的一笔钱做起了生意。几年以后，他成了一名成功的商人。他按那位先生留下的名片去还钱，出来开门的是那位先生的儿子。那位好心的先生已经在半年前去世了。通过交谈，他才得知，那位先生以前也曾经是一个乞丐，多亏一位好心先生的帮助，才开始了新的生活……

无论你贵为君主还是身为平民，无论你是男还是女，都不要看不起自己的工作。如果你认为自己的劳动是卑贱的，那你就犯了一个巨大的错误。

罗马一位演说家说："所有手工劳动都是卑贱的职业。"从此，罗马的辉煌历史就成了过眼云烟。亚里士多德也曾说过一句让古希腊人蒙羞的话："一个城市要想管理得好，就不该让工匠成为自由人。那些人是不可能拥有美德的。他们天生就是奴隶。"

今天，同样有许多人认为自己所从事的工作是低人一等的。他们身在其中，却无法认识到其价值，只是迫于生活的压力而劳动。他们轻视自己所从事的工作，自然无法投入全部身心。他们在工作中敷衍塞责、得过且过，而将大部分心思用在如何摆脱现在的工作环境上了。这样的人在任何地方都不会有所成就。

所有正当合法的工作都是值得尊敬的。只要你诚实地劳动和创造，没有人能够贬低你的价值，关键在于你如何看待自己的工作。那些只知道要求高薪，却不知道自己应承担责任的人，无论对自己，还是对老板，都是没有价值的。

也许某些行业中的某些工作看起来并不高雅，工作环境也很差，无法得到社会的承认，但是，请不要无视这样一个事实：有用才是伟大的真正尺度。在许多年轻人看来，公务员、银行职员或者大公司白领才称得上是绅士，其中一些人甚至愿意等待漫长的时间，目的就是去谋求一个公务员的职位。但是，同样的时间他完全可以通过自身的努力，在现实的工作中找到自己的位置，发现自己的价值。

工作本身没有贵贱之分，但是对于工作的态度却有高低之别。看一个人是否能做好事情，只要看他对待工作的态度。而一个人的工作态度，又与他本人的性情、才能有着密切的关系。一个人所做的工作，是他人生态度的表现，一

一生受益的至理

生的职业，就是他志向的表示、理想的所在。所以，了解一个人的工作态度，在某种程度上就是了解了那个人。

如果一个人轻视自己的工作，将它当成低贱的事情，那么他绝不会尊敬自己。因为看不起自己的工作，所以倍感工作艰辛、烦闷，自然工作也不会做好。当今社会，有许多人不尊重自己的工作，不把工作看成创造一番事业的必由之路和发展人格的工具，而视为衣食住行的供给者，认为工作是生活的代价，是无可奈何、不可避免的劳碌，这是多么错误的观念啊！

那些看不起自己工作的人，往往是一些被动适应生活的人，他们不愿意奋力崛起，努力改善自己的生存环境。对于他们来说，公务员更体面，更有权威性；他们不喜欢商业和服务业，不喜欢体力劳动，自认为应该活得更加轻松，应该有一个更好的职位，工作时间更自由。他们总是固执地认为自己在某些方面更有优势，会有更广泛的前途，但事实上并非如此。

那些看不起自己工作的人，实际上是人生的懦夫。与轻松体面的公务员工作相比，商业和服务业需要付出更艰辛的劳动，需要更实际的能力。当人们害怕接受挑战时，就会找出许多借口，久而久之就变得看不起自己的工作了。莱伯特对这种人曾提出过警告："如果人们只追求高薪与政府职位，是非常危险的。它说明这个民族的独立精神已经枯竭，或者说得更严重些，一个国家的国民如果只是苦心孤诣地追求这些职位，会使整个民族像奴隶一般地生活。"

天生我才必有用，懒懒散散只会给我们带来巨大的不幸。有些年轻人用自己的天赋来创造美好的事物，为社会作出了贡献；另外有些人没有生活目标，缩手缩脚，浪费了天生的资质，到了晚年只能苟延残喘。本来可以创造辉煌的人生，结果却与成功失之交臂，不能说不是一个巨大的遗憾。一个农夫，既有可能成为华盛顿之类的人物，也可能终日面对黄土背朝天，一直到老。

 ## <u>NO.42</u>

我们随时都在寻找借口，以为只有借口才会保护我们，其实借口只会吃掉我们。

美国职业篮球协会（NBA）1994年至1995年赛季的最佳新秀杰森·基德说，他心目中的英雄偶像是他的父亲。父亲教诲他勤奋、耐心等种种美德，这种话听来可能像陈词滥调，基德却似乎真能按照这些教诲身体力行。

"小时候，父亲常常带我去打保龄球。我打得不好，总是找借口解释自己为什么打不好，而不是去找原因。父亲就对我说：'别再找借口了，这不是理由，你保龄球打得不好是因为你不练习。'他说得对，现在我一发现自己的缺点便努力改正，绝不找借口搪塞。"

达拉斯小牛队每次练完球，人们总会看到有个球员在球场内奔跑不辍，一再练习投篮，那就是杰森·基德，因为他是一个不为自己寻找理由的人。

在整个企业界有一句最受欢迎的话：我可以找借口，也可以赚大钱，但是我们无法两者兼得。

事实上，不找借口是减少忧虑的良方，也是成功的有效工具。仔细想一想，"借口"通常只是恐惧的一种表现，如："我恐怕没有时间"、"我很怕迈出我的安全区"、"我不知道人们会怎么想"、"我怕我做不到"、"我认为这不是我的本性"等等。当我们除去这些借口背后的恐惧，不再忧虑时，就会充满信心继续前进。

一个习惯找借口的人，是无法发挥他最大潜力的。当借口浮上这种人的心头时，他会紧抓着不放，把它看得很严重，思索这个借口为何成立。然后用它

一生受益的至理名言

做弹药来对付自己。这一切都发生得太快了，通常连当事人自己都没有察觉，这是一种自挫的习惯。只要稍微改变一下想法，就可以打破这个陋习。

事实上，每位成功人士都承认，他们也面对过自己内心的借口，例如："我累了，以后再做吧"，"我很害怕"，或"我不想做这件事"。不过，这些人却能够将他们的恐惧和借口想象成可以克服，至少不要看得太严重、太可怕或懒惰的想法而已。因此，他们不但没有被负面的内在对话所淹没，而且还可以将焦点集中在他们所从事的以及他们正尝试完成的事务上。

要做一个成功者，首先应该对自己负责，不要为自己寻找理由。只要你脚踏实地走好每一步，抓紧每一个稍纵即逝的日子，全身心地投入你想做的某件事，那么你就已经成功了一半。积极的力量削减一分，消极的力量便增强一分，如果一遇到问题就自己寻找理由以求开脱，那样你永远不会获得成功。只有那些坚持不懈的人，才能得到应有的回报。"不要为自己寻找理由"，这看似简单的一句话，却是打开成功之门最好的钥匙。

千万别找借口！在现实生活中，我们缺少的正是那种想尽办法去完成任务，而不是去寻找任何借口的人。在他们身上，体现出一种服从、诚实的态度，一种负责、敬业的精神，一种完美的执行能力。

巴顿将军在他的战争回忆录《我所知道的战争》中曾写到这样一个细节："我要提拔人时常常把所有的候选人排到一起，给他们提一个我想要他们解决的问题。我说：'伙计们，我要在仓库后面挖一条战壕，8英尺长，3英尺宽，6英寸深。'我就告诉他们那么多。我有一个有窗户或有大节孔的仓库。候选人正在检查工具时，我走进仓库，通过窗户或节孔观察他们。我看到伙计们把锹和镐都放到仓库后面的地上。他们休息几分钟后开始议论我为什么要他们挖这么浅的战壕。他们有的说6英寸深还不够当火炮掩体。其他人争论说，这样的战壕太热或太冷。如果伙计们是军官，他们会抱怨他们不该干挖战壕这么普通的体力劳动。最后，有个伙计对别人下命令：'让我们把战壕挖好后离开这里吧！那个老畜生想用战壕干什么都没关系。'"最后，巴顿写道："那个伙计得到了提拔。我必须挑选不找任何借口完成任务的人。"

无论什么工作，都需要这种不找任何借口去执行的人。对我们而言，无论做什么事情，都要记住自己的责任，无论在什么样的工作岗位上，都要对自己的工作负责。不要用任何借口来为自己开脱或搪塞，完美的执行是不需要任何借口的。

NO.43

拖延是行动的死敌，也是成功的死敌。

　　有一个年轻人，梦想着有一天能够驾驶着自己的船出海航行。每天他都在想，该用什么材料来制造船体，用什么材料来做帆，船的形状应该是什么样子的……他也时常与村子里的人说起自己的梦想，村里的人对他的话坚信不疑，相信他总有一天会有一艘属于自己的船。人们每逢碰到他的时候都要问他，你的船怎么样了？他不是说，还没到时候，过两天就会上山去采木材，就是说，现在还没有做好充分的准备。

　　时间一天一天地过去了，年轻人变成了中年人，结了婚，生了孩子。村里的人偶尔还会问起他那个梦想，他只是淡淡一笑说，等孩子长大点再说。当他的孩子长大了，这个人和村里的人一样，再也没有提起过那个出海的梦，直到他死去。

　　拖延是行动的死敌，也是成功的死敌。拖延使我们所有的美好理想变成真正的幻想，拖延令我们丢失今天而永远生活在"明天"的等待之中，拖延的恶性循环使我们养成懒惰的习性，犹豫、矛盾的心态，这样就成为一个永远只知抱怨叹息的落伍者、失败者、潦倒者。成功学创始人拿破仑·希尔说："生活如同一盘棋，你的对手是时间，假如你行动前犹豫不决，或拖延行动，你将因时间过长而痛失这盘棋，你的对手是不容许你犹豫不决的！"

　　一种动物如果没有了对手，就会变得死气沉沉；一个人如果没有了对手，就会甘于平庸，养成惰性，最终导致庸碌无为。人的对手，当然包括我们在工作中必将遇到的种种困难。人的惰性是一种可怕的精神腐蚀剂，使人整天无精打采，生活消极颓废，甚至使人性低落到不如其他动物的层次。富兰克林就曾经说过："懒惰就像生锈一样，比操劳更能消耗我们的身体。"当然，世界上还有许多激动人心的警句和格言，都在提醒人们不要做惰性的奴隶，不要成为工作的失败者。

有人说，在工作中，拖延时间是一种恶劣的行为，然而却很少有人能够说他自己在工作中从不拖延时间，很少有人承认正是这种拖延的行为使自己渐渐对工作产生了惰性。

拖延时间常常是少数人逃避现实、自欺欺人的表现。然而，无论我们是否在拖延时间，我们的工作都必须由我们自己去完成。通过暂时逃避现实，从暂时的遗忘中获得片刻的轻松，这并不是根本的解决之道。现实生活中，总是有着那么一种惰性极强的人，他们通常以"与世无争"为理由，消极地对待工作。这种人没有进取心，不愿意去参与竞争，工作上也非常懒惰。

我们每个人都无法预知自己的生命何时结束，所以，我们不应停滞不前，应去实现自己既定的目标。很多时候，我们在很舒适的情况下，不知不觉地浪费了时间。拖延，也是我们给自己找到的一个安于现状的借口。拖延会使我们的时间沦为任何人、任何事都可以随意占用的"公共资源"，任何憧憬、理想和计划，都会在拖延中落空。立即执行，便会感到简单而快乐；拖延执行，便会感到艰辛而痛苦；拖延的习惯会消灭人的创造力。

面对拖延这种恶习的时候，我们必须改变思维的环境，这就要我们去自我实践，去自我"投资"，避免拖延的唯一方法就是随时主动地行动。也许你会说，慢工才能出细活，十年才能磨一剑，但是，拖延只能削弱你的热情，吞噬你的意志。因此，不要等待，等时间的人，就是浪费时间的人。你应立即行动。

瓦尔特·司各特曾说："一定要警惕那种使你不能按时完成工作的习惯——我指的是，拖延磨蹭的习惯，要做的工作马上去做，干完工作后再去消遣，千万不要在完成工作之前先去玩乐。"

拖延是一种习惯，行动也是一种习惯，用行动来代替拖延，自己推动你的精神，不要坐等精神来推动你去做事。

NO.44

人生随处都会遭遇难题，有时候题解很简单，只有两个字：执著。

　　一只蚂蚁想往瓷砖墙上爬，可一次次都失败掉了下来，可它依然执著地往上爬。一个人看到后感慨地说："多伟大的蚂蚁，失败了毫不妥协，继续向目标前进。"另外一个人看到后也感叹地说："多么可怜的蚂蚁，太盲目了，假如它改变一下方式，也许很快就到达目的地。"

　　这原本是个哲学故事，曾有人去问智者谁是谁非，智者说两个人都没有错，这只是反映两种不同的人生态度。如果你是个执著的人，便会对蚂蚁持有赞赏的态度。一个善于协调自己的性情志趣的人，一个懂得放弃和习惯于失去的人，一个懂得"曲线救自己"、遵循轨迹、随遇而安的人，肯定很少烦恼，能够充分享受到人生的愉悦。但生活中难免遭遇难题，此时只有执著能够帮我们渡过难关。

　　在人生奋斗中，不慎跌倒并不表示永远的失败，唯有跌倒后失去了奋斗的勇气才是永远的失败。我们若以平常心观之，失败本身也就不足为奇。一个人若没有经历失败，他就难以尝到人生的辛酸和苦涩，难以认识到生命的底蕴，也就不可能进入真正宁静祥和的境界。

　　其实，通向成功的路绝不只是一条，不同的人可以选择不同的路，成功与否，往往不在于对道路的选择，而在于一旦选定了自己的路，便不再彷徨。所以，能否到达心中的目标，首先取决于对脚下道路的信任与否。

　　执著的人可能失败，却很少被人称为失败。因为，"执著"的骨子里有一种素质：一种激情如火的素质，一种追求根源的素质，一种苦行僧式的素质，一种认准了目标死不回头的素质，一种固执己见永不迎合他人的素质，一种酷

一生受益的至理名言

爱偏激的素质。具备这种素质的人常常创造出人间奇迹人如弗洛伊德、拿破仑、贝多芬、凡·高，还有《吉尼斯世界纪录大全》一书中所记载的诸多人物，不能不承认所有这些大大小小的人物使我们这个世界变得有声有色。他们的性格中明显有着共同的一点，即执著。他们执著地将他们热爱的某项事业推向极致，什么也阻止不了他们——除了自身的死亡。

女娲补天、夸父追日、精卫填海、愚公移山、大禹治水，卧薪尝胆的勾践、闻鸡起舞的祖逖、面壁静修的达摩、程门立雪的杨时……这些执著的故事不老，人物不死。执著的人可能在当时失败，却在后人心中胜利；可能在名利上失败，却在精神上胜利。这就是执著的人生。执著，是一首永无休止符号的进行曲。

在人生之路上，我们会碰到许多"分岔路口"，这些"路口"让我们不得不去作出抉择！是选择失败，还是选择成功？是选择积极主动行动，还是坐以待毙？……每一个路口都有机会，同时每一个路口都并存成功与失败，选择是残酷的。但是，不选择的话连成功的机会都没有。选择了一条路，我们就要持之以恒地到达路的尽头，尽管道路可能充满荆棘。如果没有这种执著的精神我们拿什么谈成功！没有目标、没有对认定的目标执著的追求就没有进步，没有不断的进步就意味着落后，最终将被淘汰！请记住，我们执著追求所做的一切并不是为了其他任何人，而是为了尊重我们自己！

信　念

每个人的生命都是不可逆转的唯一的一次远行。没有人能代替谁活一天、一分钟或一秒钟。我们最不应该作出的牺牲就是因为别人的评价而改变自我，拥有自己才可以拥有生活。

一生受益的至理名言

 NO.45

乐观者从灾难中看到希望，悲观者从希望中看到灾难。

父亲欲对一对孪生兄弟作"性格改造"，因为其中一个过分乐观，而另一个则过分悲观。一天，他买了许多色泽鲜艳的新玩具给悲观的孩子，又把乐观的孩子送进了一间堆满马粪的车房里。

第二天清晨，父亲看到悲观的孩子正泣不成声，便问："为什么不玩那些玩具呢？"

"玩了就会坏的。"孩子仍在哭泣。

父亲叹了口气，走进车房，却发现那乐观的孩子正兴高采烈地在马粪里掏着什么。

"告诉你，爸爸，"那孩子得意扬扬地向父亲宣称，"我想马粪堆里一定还藏着一匹小马呢！"

根据许多调查结果，我们发现悲观的人与乐观的人在学习一样新的技能时有很大的差异，前者只想做到合乎要求即可，可是后者往往却想做到超过能力所及的地步，就是这种对自己"不务实"的要求造就了他们的成功。

何以最终前者会失败而后者会成功呢？因为乐观的人心里根本就没有成功或失败的依据，即使有他们也刻意不去注意，从而就不会产生像"我失败了"或"我不会成功"的念头。

相反的，他们不断增强自己的信心，不断地发挥想象力，期望后面的每一步都走得更好，以至于终于成功。就是这种特质和不寻常的观点，让他们得以坚持不懈，以期达到所企望的成就。

一生受益的至理名言

成功之所以让那么多人向往，乃是因为他们在过去并未有过足够的成功经验，可是对于那些乐观的人来说，他们只有一个信念，就是"过去并不就等于未来"。

所有伟大的领导者，不论他们是在人生的哪个领域中获得过杰出成就，都知道全心追求理想所能发出的力量是无与伦比的，哪怕他们丝毫不知道要怎么去做。如果你能拥有积极信念，其所衍生的信心必然能使你完成各种各样的事情，即使是别人认为不可能的事。

每个人在一生中都有一门重要的学问要学，那就是怎样去面对"失败"，处理的好坏往往就决定了一生的命运。要记住这句话："面对人生逆境或困境时所持的态度，远比任何事都来得重要。"

有些人在历经了一些挫折失败后便开始消沉，认为不管做什么事都不会成功，这种消极的信念蔓延开来让他们觉得无力、无望，甚至于无用。如果你要想成功、要想追求所企望的美梦，就千万不可有这样的信念，因为它会扼杀你的潜能，毁掉你的希望。像这样具有摧毁性的心态在心理学上是这种称呼——无用意识，这是指一个人在某方面失败的次数太多，便自暴自弃地认为是个无用的人，从此便停止任何的尝试。

宾州大学的马丁·塞利格曼教授就曾对这种现象作过深入的研究，他在所著的那本《乐观意识》一书中指出，有 3 种特别模式的信念会造成人们的无力感，最终毁掉自己的一生。这 3 种信念是"永远长存"、"无所不在"及"问题在我"。

有许多人之所以能无视于横亘在眼前的巨大困难或障碍而作出伟大的成就，乃是他们相信那些困难或障碍不会"永远长存"，不像那些轻易就放弃的人，把即使是小小的困难都看成是永远挥之不去的。当一个人相信困难会永远长存时，那就有如在他的神经系统中注入了致命的毒药，你别指望他会拿出任何力求改变的行动或想法。

我们时常会发现生活中的某个人会如此说："多少年前在我人生最低潮、处于极度绝望的时候，我以为这样的困境将永远没有尽头，因而每天都过得极

为痛苦，甚至一度差点想结束自己的生命，如今想起来实在是很蠢，今后再也不这么想了。"

如果你听到某些人跟你说困难会没完没了的话时，可千万别轻信，最好离他远一点。不管人生中遇到什么不顺的事，你一定要记住："这件事迟早会过去的。"只要你能坚持下去，终会有云散天开见月明的一刻。

人生中的赢家与输家、乐观者与悲观者的第二个差别，在于是否相信困难的"无所不在"，乐观的人从不相信人生处处都是困难，因而不会单为一个困难便把自己绊住，反而把困难视为一种挑战。

那些悲观的人，只因在某一方面失败，便死心眼地相信在其他方面也会失败，结果就真的如他所想在金钱方面、家庭方面、工作方面，乃至人际关系方面都出现了问题，他们既无能管好自己的信念，当然对其他的事情也就无能为力。

相信困难"永远长存"且"无所不在"是很伤人的，所以当你碰到困难时一定要确信自己能找出解决之道，并且立刻拿出相对的行动，就必然能很快地消除这些消极的信念。

塞利格曼教授所指的第三个不当的信念就是"问题在我"，这个意思乃是认为自己才是问题的所在。如果你不幸失败了，不但不把它视为是调整行动的好机会，反而认为是自己能力的不足，那么你很快地就会没劲再做下去。

请问你到底要怎么去改变自己的人生？那不是比单单改变行动来得更困难吗？千万别把一切问题都责怪到自己头上，毕竟一味地打击自己并不能使你振作，不是吗？

当你一直死抱着这些不当的信念，那就有如成年累月地服食少量砒霜，你的人生可以说已经就此终结了。也许你不会马上完蛋，可是只要不丢掉这些信念，那就注定不会有好的结局，因此你要竭力抛掉它们。

请注意，只要你有了某种信念，它就会自动导引你的脑子去过滤掉一切跟它相违的信息，只接纳能跟它相容的信息。那么，为什么你不变得更快乐一点呢？

一生受益的至理名言

NO.46

如果有什么事值得去做，就得把它做好。

沃尔特·克朗凯特是美国著名的电视新闻节目主持人，他从孩提时代就开始对新闻感兴趣，并在 14 岁的时候，成为学校自办报纸《校园新闻》的小记者。

休斯敦市一家日报社的新闻编辑弗雷德·伯尼先生，每周都会到克朗凯特所在的学校讲授一个小时的新闻课程，并指导《校园新闻》报的编辑工作。有一次，克朗凯特负责采写一篇关于学校田径教练卡普·哈丁的文章。由于当天有一个同学聚会，于是克朗凯特敷衍了事地写了篇稿子交上去。第二天，弗雷德把克朗凯特单独叫到办公室，指着那篇文章说："克朗凯特，这篇文章很糟糕，你没有问他该问的问题，也没有对他做全面的报道，你甚至没有搞清楚他是干什么的。"接着，他又说了一句令克朗凯特终生难忘的话："克朗凯特，你要记住一点，如果有什么事情值得去做，就得把它做好。"

在此后几十年的新闻职业生涯中，克朗凯特始终牢记着弗雷德先生的训导，对新闻事业忠贞不渝。

凡事认真的人，给人的第一印象是：所有的事都很重要，我绝不会把自己藏在责任后面。他们处处表现出踏实、尽责的精神，做任何事都全力以赴，并有一股一般人所罕见的傻劲特质。没有"傻劲"，就会斤斤计较，时时想要偷懒，处处找机会浑水摸鱼，时刻都想敷衍了事，这样的心态，怎会有"干劲"呢？没干劲，又怎会迈向成功？

凡事认真的人，因为不会推卸责任，不会阳奉阴违，不会浑水摸鱼，不会偷工减料，更不会自贬身价，只知道脚踏实地，一步一个脚印，按部就班去做，所以，总是比较容易获得成功！一位知名的企业管理者曾说："公司里的员工

都很认真、努力，绩效又很好，而那些绩效最好的人，都有一种特质，他们会很认真地对待每一件事情，认真的态度使他们的工作成绩超于普通的员工，因此他们的绩效也最好！"

凡事都要很认真地去看待、对待。务实苦干是认真精神最基本的表现。如果你认为是对的，你就应认真地去做！不屈不挠，再加上一些浪漫式的"傻劲"。愚公移山、精卫填海，凭借的不就是那股认真的"傻劲"吗？因为认真，没有什么事情是办不到的！

如果你能够认真尽到自己的本分，尽力完成自己应该做的事情，那么总有一天，你能够随心所欲地从事自己想做的事，赢得自己想要的体面生活。

可惜的是，在现实的生活中，有很多人只知道抱怨，却从不反省自己的态度，对待工作他们只是在应付，并发出这样的言论："何必那么认真"、"说得过去就可以了"、"现在的工作只是个跳板，那么认真干什么"。结果，他们失去了工作的动力，不能全身心地投入工作，更不能在工作中取得斐然成绩。最终，聪明反被聪明误，失去了本应属于自己的机会。

认真工作才是真正的聪明。因为认真工作是提高自己的最佳方法。你可以把工作当做你的一个学习机会，从中学习处理业务，学习人际交往。这样不但可以获得很多知识，还可以为以后的工作打下良好的基础。认真工作的员工不会为自己的前途操心，因为他们已经养成了一个良好的习惯，到任何公司都会受到欢迎。相反，在工作中投机取巧或许能让你获得一时的便利，但却在心灵中埋下隐患，从长远来看，是有百害而无一利的。

古罗马人有两座圣殿：一座是勤奋的圣殿，另一座是荣誉的圣殿。它们在位置安排上有一个秩序，就是人们必须经过前者，才能到达后者。其寓意是，勤奋是通往荣誉的必经之路。

无论你做什么工作，无论你面对的工作环境是松散还是严谨，你都应该认真工作。你只有在工作中锻炼自己的能力，使自己不断提高，加薪升职的事才能落到你头上。正如这句话所说：如果有什么事值得去做，那么就把它做好。

一生受益的至理名言

NO.47

苦难是人生最好的学校，经历苦难是人生一种宝贵的财富。

　　贝多芬出生于德国波恩一个鲜有欢乐的家庭。他的父亲是宫廷的一个乐师，因为怀才不遇，性情暴躁，喜怒无常，还沾有酗酒的恶习。小贝多芬一出生就长着一张红颜色的、奇特的麻脸，父亲对他嗤之以鼻。贝多芬的音乐天赋在很小的时候就已显露出来，就连郁闷中的父亲也觉得骄傲。为了弥补自己事业上的失败，一洗父辈沉沦的耻辱，从而光宗耀祖，严厉的父亲在贝多芬4岁时就开始强制性的教育，他要求小贝多芬每天练习钢琴和小提琴8个小时。即使在寒冬，小贝多芬手指都冻僵了，他父亲还是要他练琴。每天他的父亲总是拿着棍子守在钢琴边，只要贝多芬弹错一个音符，棍棒就无情地落在贝多芬的手指上。由于童年凄苦和缺少快乐，贝多芬长大以后，脾气也变得很暴躁。

　　11岁时，贝多芬跟着宫廷风琴师聂费学习风琴演奏。聂费看出贝多芬的音乐才华，就主动教他作曲的技巧，并且介绍贝多芬在乐团中担任风琴手。从此，贝多芬正式迈向音乐之路。不久，贝多芬的母亲因患肺结核离开了人世。那年，贝多芬才17岁，已是一家之主了。他必须照顾弟弟们，负担整个家计，还必须满足酒鬼父亲的需求。

　　1792年，贝多芬再度前往维也纳，跟随海顿学习作曲，逐渐走上他伟大而坎坷的音乐创作之路。从1796年开始，贝多芬就发现自己的听力急剧下降。对于一位风华正茂、踌躇满志的钢琴家和音乐家来说，听力的衰退不啻于世界末日。但贝多芬进行了顽强的抗争，并说出了那句传颂千古的名言："我要扼住命运的咽喉，它绝不能使我屈服。"

　　当时的贝多芬爱恋着一位名叫朱丽叶塔的姑娘，著名的钢琴奏鸣曲《月光》就是献给她的。然而幼稚风流的朱丽叶塔却辜负了贝多芬的一番情意，后来与一位男爵订了婚。

　　耳聋的治愈日渐渺茫，又痛失心仪已久的恋人，这双重的打击使顽强的贝多芬支持

不住了。1802 年他写下了一封绝笔信，即著名的《海利根施塔特遗书》。在这篇"遗嘱"中，贝多芬说道："是艺术，就只是艺术留住了我。啊！在我尚未感到把我的使命全部完成之前，我觉得我是不能离开这个世界的。"

他活下去的勇气是来自对苦难的抗争。在那段时期，贝多芬创作了大量充满时代气息的优秀作品，如交响曲《英雄》、《命运》，序曲《哀格蒙特》，钢琴奏鸣曲《悲怆》、《月光》、《暴风雨》、《热情》等。

如果说人生是一条路，那么苦难便是没有被压平的尖石，人生路上的"尖石"是随时都存在的，是不可避免的。苦难是什么？苦难是失去自由时的迷茫，是刚要起步就摔倒的艰难，是走在风雨中没有同伴的哭泣，是失去亲人的泪水，是胸怀一腔抱负却不能施展的忍耐，是虽然充满苦涩但又不能不走的路。怎么办？接受它吧！苦难是人生最好的学校，经历苦难是人生一种宝贵的财富。

善待苦难，首要的是要正确理解苦难。苦难不是悲观。苦难是永远的追求，永远的焦渴，创造的火焰；苦难是天真和赤诚，是百折不挠的理想和毅力，是永远的不自满；苦难是一次接一次的失败，一个接一个的创伤，是鲜红的伤口，咬紧的牙关，前额上的汗水；苦难是牺牲的决心，是献身的壮言；苦难是孕育着的希望、新生、新的高峰和光明；苦难使人思考，苦难之后是欢乐。人在欢乐时容易陶醉，而在承受苦难时才会有深沉的思考。只有在苦难面前的这种思考，才使人真正领悟人生的真谛。欢乐使人享受人生，苦难却使人认识人生。苦难是人生的大学，失败是前进的动力。生命的最终结果应该是欢乐，以坦然迎接苦难，更以积极虔诚的祈祷让快乐永驻。有人也曾这样理解苦难：苦难是斑驳古井中的一块苔痕，是绿酒初熟的一杯浮嫩，是骤雨乍歇的一缕浓云。没有苦难的日子，是曹孟德鞭下的红梅林，可企望却永不会真实存在。如果说，人生是一场天涯孤旅般的跋涉，那么苦难就是前进道路上的风沙饥渴、雪雨冰霜。谁能想象，穿越沙漠，仍是漆黑飘逸的秀发；趟过泥水，仍是一尘不染的纤足？

自古至今，苦难与人类如影相随。跨越时空，穿行古今，有多少志士仁人满怀苦难的心酸，荡舟于浩渺的历史长河，你会见到屈原泽畔行吟的忧愁，

一生受益的至理名言

贾谊落马长沙的郁闷、李贺长天一叹的心酸、太白拔剑四顾的茫然。古往今来，痛苦的小鸟四处翻飞。人只要活着，苦难的蜻蜓便会翩然而至。我们不必滋生衡阳雁去的惆怅、残花落更的凄凉。因为冬去后，雁，依然飞回；花，依然盛开。

苦难是尘世森林之纸老虎、人迹罕至之烂泥淖。挺起腰杆，你就是武松；坚定信念，它必成坦途。音乐家用苦难谱写飞扬的乐曲；文学家用苦难写就动人的华章；而政治家则把苦难编织成丽光四射的珠串，套在颈上。古今中外，凡成功者，所行之路无一例外是用挫折的台阶铺就而成的。

人，只有经过长夜的窒息，苦难的折磨，方知晓黎明的可爱，健康的美丽，才会懂得格外去珍惜人生，努力工作。恰如哲人所说，"痛苦就是热情，痛苦就是燃烧。当木柴燃烧的时候，它承受着焦灼煎熬的痛苦，在流出黑色泪水的同时，它却献出了金色火焰的欢腾"。面对苦难，需要乐观，生命的意义绝不在于历尽苦难痛不欲生，而是要你尝遍人间的甜蜜，并甘愿因此同苦难作战。如果没有苦难，我们怎能赏得碧苔中的古朴、新酒内的甘醇呢？

拥有苦难，便是拥有生活；挑战苦难，便是挑战自我；善待苦难，必将迎来绚烂的星河！

NO.48

让你的目标大于你的才能吧——那么，你今天的作为将胜过昨天，而明天的作为又胜过今天。

有一个小男孩，他的父亲是位马术师。他从小跟着父亲东奔西跑。初中时老师叫同学们写作文，题目是长大后的志愿。那晚他洋洋洒洒写了7张纸，描述他的伟大志愿，那就是想拥有一座属于自己的牧马农场，并且他仔细画了一张200亩农场的设计图，上面标有马厩、跑道等，然后在这一大片农场中央，还要建造一栋占地400平方英尺的巨宅。他花了好大心血把报告完成，第二天交给了老师。两天后他拿回时，上面打了一个又红又大的F，旁边还写了一行字：下课后来见我。下课后他带了报告去找老师："为什么给我不及格？"老师回答道："你年纪轻轻，不要老做白日梦。你重写一个比较实际的志愿。"再三考虑后，他决定原稿交回，一个字都不改，他告诉老师："即使不及格，我也不愿放弃梦想。"20多年以后，这位老师带领他的学生来到那个曾被他指责的男孩的农场露营。离开之前，他对如今已是农场主的男孩说："说来惭愧，你读初中时，我曾泼过你的冷水，幸亏你有毅力坚持自己的目标。"

奇迹并不特属于哪一类人，它只属于那些愿意选择奇迹在他们身上发生的平凡人。记住，多梦想多拥有。我们所面临的每一次挑战哪一次不是经由梦想来解决的？人类为了追求更美好的生活而走出洞穴，脱离原始的生活，接着又发明了电灯、电话、汽车和飞机，还有更多的曾经只能作为梦想的东西。敢于梦想是使你个人成功及对生命产生一份热爱的秘诀。没有梦想的人只能安于现状，对所有的痛苦、不愉快、失败都要忍受。这种人，生命对他们来说简直就是一种痛苦的煎熬，直到死才得以解脱。有梦想的人则不同，有梦想的人可以拥有财富、名誉、地位，可以赢得人们的尊敬，受到家庭及亲人的拥护和爱戴。

但只限于拥有梦想是不够的，人生的美好更在于我们去实现梦想，而不是沉溺于幻想之中。一条小鱼的成长过程，是从碗到盆到江河到大海的过程。我们一次就要把自己的梦想定准确并不断地去放大自己的梦想；一次就要把事情做对，否则会走许多弯路，会浪费许多时间。

这个世界到处都是拥有梦想的人，但能实现梦想的人却寥寥无几。只因为，我们对未来只有一个模糊的影像，而从来没有将它具体化。记住，实现梦想是一种能力，这种能力是对梦想的坚定、执著，更重要的是对梦想要有着清晰的概念。

1871 年春天，一个年轻人拿起了一本书，看到对他前途有莫大影响的一句话。他是蒙特瑞综合医科学生，生活中充满了忧虑，担心考试成绩，担心该做些什么事情，怎样才能开业，怎样才能过活。这位年轻的医科学生，在 1871 年所看到的那句话，使他成为他那一代最有名的医学家，他创建了全世界知名的约翰·霍普金斯学院，成为牛津大学医学院的讲座教授——这是在英国学医的人所能得到的最高荣誉——他还被英国国王册封为爵士。他的名字叫威廉·斯勒爵士。他所看到的那句话就是："最重要的就是不要去看远方模糊的，而要做手边清楚的事。"

一个人看不到自己的远方是很可怕的，有了远方也就有了人生追求的高度。这个目标要切合自己的实际情况，要有实现的可能。有一则故事说，有位老师问学生："如果一座博物馆发生火灾，里面有许多世界著名油画，你应该先抢救哪一幅画？"学生的答案出奇的一致，应该抢救价值最大的那幅油画。可老师却说："首先应该抢救靠近门口的那幅油画，因为离门口最近，才最有抢救出来的希望。"谁都知道抢救出价值最大的油画是最好的愿望，但在冲天火光之中，可能吗？只有靠近门口的油画才最容易抢救出来。如果你不知道自己未来的远景，你就永远到不了那里；如果你没有自己的主见，别人就会为你做主；如果你对自己的未来没有计划，你就会成为别人计划里的一枚棋子。

NO.49

除非你停止尝试，否则就永远不会是失败者。

戴维·托马斯是在世界各地拥有4 300家快餐店的温迪国际公司创始人、商务经理，他这样回忆自己的童年：

12岁时，我们全家迁到田纳西州的诺克思维尔，我设法使一位餐厅老板相信我已16岁，他才雇用我做餐柜台的招待，每小时25美分。餐馆老板弗兰克和乔治·雷杰斯兄弟是希腊移民，刚来美国时，他们曾干过洗盘子和卖热狗的工作。他们极为坚强，并为自己定下了非常高的标准，但从来不要求雇员做他们自己做不到的事情。弗兰克告诉我说："孩子，只要你愿意努力尝试，你就能为我工作；如果你不努力尝试，你就不能为我工作。"他所说的努力尝试包括从努力工作到礼貌待客等一切内容。当时通常的小费是一个10美分的硬币，但若能很快把饭菜送给顾客并服务周到，有时就能得到25美分小费。我记得我曾经尝试自己一个晚上能接待多少客人，结果创下了100位的记录。通过第一份工作，我认识到，只要你尝试努力，你就会成功。

万事开头难，人们在做某一件事之前，总喜欢客观地估计自己的能力，估计自己做成某事的把握。自信者，不管前面有多大的艰难险阻，先往乐观的方面想，勇于尝试，成功自然比较偏袒他们；即使失败，也可自豪地说"我曾经拼搏过"而不会有错失良机的那种遗憾和悔恨的感觉。反之，有的人做事总是畏首畏尾，瞻前顾后，总爱往不利的方面想，所以往往还未尝试就已提前成为失败者，即使大胆尝试了一番，也发挥不出自己最佳的实力，往后更加畏首畏尾，因此，进入了恶性循环，品尝不到胜利的果实。他们可曾想过，天文学先驱哥白尼如不是敢于尝试，发表了自己的"日心说"，天文学恐怕至今还笼罩在

119

一片迷雾之中；伽利略若不是敢于尝试，坚持真理，后人也许至今还摆脱不了愚昧；达尔文若不是敢于尝试，冲破别人的思想束缚，发表了《进化论》，后人也许至今还相信着"神创论"。人类发展至今，是离不开无数次的尝试的。

失败乃成功之母，没有尝试，何来失败？更谈不上成功！你永远只能站在失败者的立场发言，我们应该冲开心灵的牢笼，勇于尝试，去迎接新的未来。无论什么事，即使你不会，也要试一试，不能让每一次机遇从你身边溜走。努力尝试，它真的很重要。我们天生就有尝试的本能，当我们还是个小小婴孩时，就不断地从跌倒中爬起，只为了学会最初的一步；反复地咿呀饶舌，只为了学会简单的交流。正是这些努力，我们才学会了走路、说话、感知世界。可是随着岁月的流逝，我们慢慢走向了成熟，许多人的这种本能在一次次失败中渐渐丧失。我们总是在想：如果我没成功怎么办？如果我失败了，他们是不是会嘲笑我，看不起我呢？也许正因如此，我们放弃了努力和尝试；也正因如此，我们少了更多的机会与成功。

有这样一句意味深长的、颇具哲理的至理名言："人和其他动物的不同点就是由于他的未完成性。事实上，他必须从他的环境中不断地学习那些自然和本能所没有赋予他的生存技术。"这里的意思是说人为了生存和发展，不得不终生学习，不停地使自己变成一个"人"，不断地实现自己的潜能。"寻求走向完人的理想道路"。很明显，这条道路的"金钥匙"就是"尝试成功"。人类的第一项划时代的技术发明——"钻木取火"不就是光辉的范例么?! 从这个意义上讲，我们的祖先燧人氏就该算是"尝试成功"的鼻祖了。当然，这里并非要做什么考证，只是要说明今天我们理应珍爱"尝试成功"的宝贵。

在物理学上尝试就是试验。要想知道一种事物的结构究竟如何，只要去做一下试验，一切就能弄明白；如果不去做试验，永远都不可能知道事物的本质究竟是怎么回事。在天文学上尝试就是探索。要想知道地球以外究竟还有没有生命，有没有文明，唯一的办法就是离开地球去探索。任何一个成功的开始都需要自信。一件事情没有去做，也就不知道困难程度有多大或者会有什么不曾预料的事情将要发生，但只要迈出了尝试的第一步继而孜孜以求，就表明你有绝对自信，相信自己有实力战胜任何困难，坚信自己有能力应付各种挑战。

尝试最重要的是勇气。面对未知领域，毫不畏惧，能勇往直前。如果一件事情还没有去做，就被设想的一大堆问题吓倒了，退缩了，那就是懦夫。所谓两强相遇勇者胜，勇气永远是胜者的助手。尝试最大的敌人是半途而废。科学界的人们都信奉这样一句话：失败一万次之后的那一次是成功。这一万次的失败就是一万次的尝试。事实上成功往往就深藏在你经历无数次失败之后，在忍耐不住、坚持不住、即将要抽身而退的地方，殊不知离成功只有一步之遥了。但你只看到一路上的失败，在洒下一路痛苦的泪水之后最终放弃了当初的追求。这就是所谓功亏一篑、功败垂成的道理。

尝试能使我们发现并利用埋藏在生命中的那些优秀潜能。在每一个人的生命中都或多或少地潜藏着连自己也不知道的能力，但如果我们不去尝试，这些潜能就永远失去了大放异彩的机会。不去尝试，我们永远不会知道自己能做什么；不去拼搏，我们什么也做不成。尝试，会让我们更加了解自己；拼搏，会让我们更加相信自己。只有去大胆尝试，那些优秀的品质才会像一颗颗闪烁的星星从原本阴暗的心海中闪亮登场，为人生谱写更加亮丽的篇章。这个时候，脱颖而出的你就会感到无比的惊奇：原来我竟是这样的棒！

所有失败的人，都是半途而废、浅尝辄止的人。所有成功的人，都是屡挫屡奋、百折不挠的人。尝试，是一种铸造卓越与杰出的生存方式。

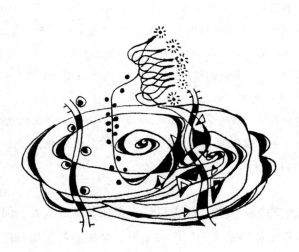

一生受益的至理名言

NO.50

刀鞘保护刀的锋利，它自己则满足于它的迟钝。

在萧伯纳94年的生命中，文学创作占了58年，他创作的戏剧多达51部。他是继莎士比亚之后英国最卓越的戏剧大师。萧伯纳出名后，一些有钱人家的女主人常常在请柬上写上"某夫人某月某日在家"的字样送给他，意思是主人恭候他的光临。这是当时上流社会的一种"礼节"，能被贵族邀请和参加宴会是许多人的梦想。可是，萧伯纳对此却很讨厌，他回复写道："某月某日萧伯纳也在家。"

有一次，一位美国贵夫人初见萧伯纳便说："久仰大名！"萧伯纳回敬道："是吗？那么，我是哲学家、小说家、社会学家、批评家、政治家、戏剧家、神学家，我有7个大名，您到底久仰哪一个呢？"这令那位贵夫人尴尬至极。

可以说，萧伯纳是非常率性、正直、谦虚的人。然而，1931年，萧伯纳在苏联经历了一件令他惭愧不已的事。一天，萧伯纳在苏联的街头散步，一个可爱的小姑娘引起了他的注意。他就主动和她打招呼。告别时萧伯纳笑着说："回去告诉你妈妈，今天和你玩的人是世界有名的萧伯纳。"萧伯纳以为小姑娘会惊喜地说："噢，我太幸福了。"因为几天前，萧伯纳在苏联为他举办的盛大欢迎宴会上发表了热情洋溢的演说，高尔基还对记者说，萧伯纳是"欧洲最勇敢的思想家"。可是，小姑娘眨眨眼睛，一本正经地说："请你回去告诉你夫人，今天跟你玩的是苏联姑娘娜达莎！"

后来，萧伯纳惭愧而又感慨地说："看来，一个人不论取得多大的成就，他对任何人都应该平等相待，要永远谦虚谨慎。这就是小姑娘给我的教训，我一辈子都忘不了她！"

谦虚谨慎是人生的第一美德。谦虚谨慎，意味着尊重他人，因为，人与人生来就是平等的，你要赢得别人的信任与支持，必须先尊重你身边的任何一个

人，即使他是个乞丐。俄国大作家屠格涅夫有一天走在大街上，一个年迈体弱的乞丐向他伸出发抖的双手。屠格涅夫找遍所有的口袋，分文没有，感到惶恐不安，只好上前握住乞丐那双脏手，深情地说道："对不起，兄弟，我什么也没有，兄弟！"哪知，屠格涅夫这一声声"兄弟"却超过了钱币的作用，立刻使老乞丐为之动容，他泪眼蒙蒙地说："哪儿的话，我已经很感恩了，这也是恩惠啊！"这个故事说明，无论什么人，无论地位高低，渴求得到尊重的心理是一样的。因此绝不可狂妄自负，目无他人。

　　谦虚谨慎是成功人士必备的品格。具有这种品格的人，在待人接物时能温和有礼、平易近人、尊重他人，善于倾听他们的意见和建议，能虚心求教，取长补短。对待自己有自知之明，在成绩面前不居功自傲；在缺点和错误面前不文过饰非，能主动采取措施进行改正。

　　谦虚谨慎永远是一个人建功立业的前提和基础。不论你从事何种职业，担任什么职务，只有谦虚谨慎，才能保持不断进取的精神，才能增长更多的知识和才干。因为谦虚谨慎的品格能够帮助你看到自己的差距。永不自满，不断前进可以使人能冷静地倾听他人的意见和批评，谨慎从事。否则，骄傲自大，满足现状，停步不前，主观武断，轻者使工作受到损失，重者会使事业半途而废。

　　具有谦虚谨慎品格的人不喜欢装模作样，摆架子，盛气凌人，他们能够虚心向别人学习。美国第三届总统托马斯·杰斐逊提出："每个人都是你的老师。"杰斐逊出身贵族，他的父亲曾经是军中的上将，母亲是名门之后。当时的贵族除了发号施令以外，很少与平民百姓交往，他们看不起平民百姓。然而，杰斐逊没有秉承贵族阶层的恶习，主动与各阶层人士交往。他的朋友中当然不乏社会名流，但更多的是普通的园丁、仆人、农民或者是贫穷的工人。他善于向各种人学习，懂得每个人都有自己的长处。有一次，他和法国伟人拉法叶特说："你必须像我一样到民众家去走一走，看一看他们的菜碗，尝一尝他们吃的面包，只要你这样做了的话，你就会了解到民众不满的原因，并会懂得正在酝酿的法国革命的意义了。"由于他作风扎实，深入实际，虽高居总统宝座，却很清楚民众究竟在想什么，他们到底需要什么。这样，在群众关系密切的基础上，他成为一代伟人。

一生受益的至理名言

谦虚谨慎的品格，能使一个人面对成功、荣誉时不骄傲，把它视为一种激励自己继续前进的力量，而不会陷在荣誉和成功的喜悦中不能自拔，把荣誉当成包袱背起来，沾沾自喜于一得之功，不再进取。居里夫人以她谦虚谨慎的品格和卓越的成就获得了世人的称赞，她对荣誉的特殊见解，使很多喜欢居功自傲、浅尝辄止的人汗颜不已。也正因为受她的高尚品格的影响，后来她的女儿和女婿也踏上了科学研究之路，并再次获得了诺贝尔奖，成为令人敬仰的两代人三次获诺贝尔奖的家庭。有人曾去问爱因斯坦，说："您老可谓是物理学界的权威人物了，何必还要孜孜不倦地学习呢？何不舒舒服服地休息呢？"爱因斯坦并没有立即回答他这个问题，而是找来一支笔、一张纸，在纸上画上一个大圆和一个小圆，对那位年轻人说："在目前情况下，在物理学这个领域里可能是我比你懂得略多一些。正如你所知的是这个小圆，我所知的是这个大圆，然而整个物理学知识是无边无际的。对于小圆，它的周长小，即与未知领域的接触面小，他感受到自己的未知少；而大圆与外界接触的这一周长，所以更感到自己未知的东西多，会更加努力地去探索。"是啊！多么好的一个比喻，多么深刻的一番阐述！

　　我们每个人都要有"虚怀若谷"的胸怀和"谦虚谨慎、戒骄戒躁"的精神。理性的克制对一个追求成功的人来说，不是束缚的锁链，而是强韧的护身甲，虽然披挂上它难免有些累赘，但是它能让你免遭意外的伤害。一个人越想受到尊重，越要注意克制自己的日常言行。

NO.51

在生活中，你应当选定一把椅子。就像排队打饭一样，老是换队伍的人，总是站在队尾。

意大利著名男高音歌唱家卢西亚诺·帕瓦罗蒂出生在一个面包师家庭，他的父亲是个歌剧爱好者，常把卡鲁索、吉利、佩尔蒂莱的唱片带回家来听。帕瓦罗蒂渐渐地喜欢上了唱歌。帕瓦罗蒂有一副天生的好嗓子，他说："我生下来哭声就很响亮，医生对我母亲说：'夫人，这孩子有男高音的嗓子。'"三四岁的时候，他就能唱许多歌曲。但是帕瓦罗蒂更喜欢孩子，并希望成为一名教师。于是，他考上了一所师范学校，学习期间，一位专业歌手收帕瓦罗蒂为学生。临近毕业的时候，帕瓦罗蒂问父亲："我应该怎么办?是当教师，还是成为一个歌唱家?"父亲这样回答："如果你想同时坐两把椅子，你只会掉到两个椅子之间的地上。在生活中，你应该选定一把椅子。"

听了父亲的话，帕瓦罗蒂选择了当教师。不幸的是，帕瓦罗蒂因为缺乏经验，学生们总是捣乱，他只好离开了学校，于是，帕瓦罗蒂又选择了另一把椅子——唱歌。17岁时，帕瓦罗蒂的父亲介绍他到"罗西尼合唱团"。可是，近7年的时间过去了，他还是个无名小卒。偏偏这时，他的声带上长了个小结。在一场音乐会上，他就好像脖子被掐住的男中音，被满场的倒彩声轰下台。这让他产生了放弃的念头。不过，想到父亲说过的话，帕瓦罗蒂坚持了下来。几个月后，他在一场歌剧比赛中崭露头角，于1961年4月29日演唱了著名歌剧《波希米亚人》，这是他首次演唱歌剧。演出结束后，帕瓦罗蒂赢得了观众雷鸣般的掌声。第二年，帕瓦罗蒂应邀去澳大利亚演出并录制唱片。1967年他被卡拉扬挑选为威尔第《安魂曲》的男高音独唱者。从此，他声名节节上升，成为活跃于国际歌剧舞台上的最佳男高音，被誉为"高音C之王"。

回首自己的道路，帕瓦罗蒂感慨道："不论是砌砖工人，还是作家，不管我们选择

一生受益的至理名言

何种职业，都应有一种献身精神，坚持不懈是关键。选定一把椅子吧！"

一个人要发挥自己最大的潜能，首先要给自己的人生正确定位。

数百年前，晋人中的有识之士弃仕从商，终于成就了绵延五百年历史的"晋商现象"，创造了至今犹令人感怀的"海内最富"。班超投笔从戎，出使西域，为巩固汉室江山建功立业。鲁迅弃医从文，终成为一代文学大师。

给自己的人生正确定位，不是伟人名士的专利，而是我们每一个人为人处世之事。即使不求飞黄腾达、光宗耀祖，不图名垂千古、流芳百世，但为了生活和生存，也只有选定一个位置，把握一个方向，坚定一个信念，勇敢地走下去，这样才会有收获、有意义。好高骛远，三天打鱼两天晒网，终将庸庸碌碌，一事无成。

定位人生，就是给自己选定一个恰到好处的位置，从而为人生作出长远的规划，谋求长久的发展策略。它需要深切地认识自我，立足现实，扬长避短，从自身的条件，做到知己知彼。"骏马能历险，犁田不如牛；坚车能载重，渡河不如舟。"人各有志，贵在适合自己，关键是能够选择有自己特色的实现途径。不邯郸学步，不东施效颦，而是有自己真正崇尚的行事方式。不刻舟求剑，不缘木求鱼，正确认识和把握好客观规律。

卡耐基最初的人生道路充满了坎坷，他干过多种职业但都不成功。在他从事汽车推销时，他对自己的能力很怀疑。有一天，一位老者想买车，卡耐基又背诵了那套"车经"。老者淡淡地说："无所谓的，我还走得动，开车只不过是尝一尝新鲜劲儿，因为我年轻时曾梦想成为汽车设计师，那时还没有汽车呢……"

老者的一番话慢慢吸引了卡耐基。他详细地和老者讨论起公司的情况，后来话题又转到了他们的生活方面。卡耐基讲述了自己最近的烦恼："那天凌晨，对着一盏孤灯，我对自己说，'我在做什么？我的梦想是什么？如果我想要成为作家，那为什么不从事写作呢？'您认为我的看法对吗？"

"好孩子，非常棒！"老者的脸上露出轻松的笑容，继而说："你为什么要为一个你不关心又不能付你高薪的公司卖命呢？你不是想赚大钱吗？写作，在今天也是个好行当呀！"

"不，老先生，放弃工作是不可能的，除非我有别的事可做。但是我能做什么呢？我有什么能力能让自己满意地赚钱和生活呢？"卡耐基问。

老者说："你的职业应该是能使你感兴趣，并发挥才能的。既然写作很适合你，为什么不试一试？"这让卡耐基茅塞顿开。埋藏在胸中奔涌已久的写作激情，被老者的几句话激活了。卡耐基一直认为，作家的角色有助于自己摆脱困境。从那天起，卡耐基决定换一种生活。他认为，自己不会因为不当推销员就失去什么。明天，就去找一份新的工作，一边工作一边写作，他要当一位受人尊敬、爱戴的伟大作家。

一个偶然的机会，卡耐基发现自己所在城市的青年会在招聘一名讲授商务技巧的夜大老师。于是他前去应聘，并且很快被录用了。卡耐基以他独到的见解、开放的教学方式，赢得了学生的欢迎。后来，越来越多的人听他讲课，购买他的书籍。卡耐基从此名扬美国，后来他的学习方法又跨越国界，漂洋过海，传播到了全世界。

在生活中，有多少人抱着"鸡肋"一样的工作在怨天尤人呢？他们对自己所从事的职业毫无兴趣，也不能把自己的聪明才智发挥出来，卡耐基的人生经历能为我们带来许多启示。

定位人生需要宽广的胸怀，独具慧眼。"海纳百川，有容乃大。"胸襟宽阔将对我们的人生定位有帮助，对处世有价值；敏锐的眼光会使我们对美好人生信仰的认同更为坚定有力，如此人生才会真实丰富、宽阔博大。定位人生要有敏锐把握，积极主动。把握信息是发现机遇的条件，但"有准备的头脑"才能创造和利用有利于自己的机遇。主动会赢得先机，赢得时间，如此才会在机遇到来之时，运筹帷幄，决胜千里。定位人生需要持之以恒，不畏艰险。古之成大事者，不唯有超世之才，亦必有坚忍不拔之志。锲而不舍，孜孜以求，如此才能韬光养晦，厚积薄发。

我们拒绝平庸，即使我们终将平凡。有人俯首甘为孺子牛，有人蜡炬成灰泪始干，有人希望轰轰烈烈过一生，有人认为平平淡淡才是真。人生的意义在于找到适合自己的位置，发出自己的光热。

一生受益的至理名言

NO.52

不要为打翻的牛奶而哭泣。

　　亚伦·山德士先生永远记得他的生理卫生课老师保尔·布兰德温博士教给他的最有价值的一课。当时亚伦只有十几岁，却经常为很多事发愁，为自己犯过的错误自怨自艾。他老是在想自己做过的事，希望当初没有那么做；老是在想自己说过的话，希望当时把话说得更好。一天早晨，亚伦和同学们走进科学实验室，发现保罗·布兰德温老师的桌边放着一瓶牛奶。真不知道那和他教的生理卫生课有什么关系。突然，老师一把把那瓶牛奶打翻在水槽中，同时大声喊道："不要为打翻的牛奶而哭泣。"然后，他把大家叫到水槽边上说："好好看看，永远记住这一课。你们看牛奶已经漏光了。无论你怎么着急，如何抱怨，也不能救回一滴。只要先动点脑筋，先加以防范，那瓶牛奶就可以保住。可是现在已经太迟了——我们所能做到的，只是把它忘掉，去想下一件事。"

　　"不要为打翻的牛奶而哭泣。"这句话很普通，也可以说是老生常谈。可是像这样的老生常谈，却包含了多少年来所积聚的智慧，这是人类经验的结晶，是世世代代传下来的。如果你能读尽各个时代很多伟大学者所写的有关忧虑的书籍，你也不会看到比"天下没有白吃的午餐"和"不要为打翻的牛奶而哭泣"更基本、更有用的老生常谈了。

　　有一位女大学生，写信给爱因斯坦，抱怨自己在数学上的困难。爱因斯坦回信道："我遇到的困难，何尝不比你多！"爱迪生在发明电灯前，不也是试验了几万种不适合做灯丝的材料么？但是，他没有抱怨，他最后成功了，因为坚持不懈的信念和乐观向上的精神，成了他劈荆斩棘的利剑。而我们在生活中更不应抱怨了，你不可能背上历史行路。就像那位老师说的那样："把它忘记，注意下一件事。"

　　著名影星罗兰在向导演哭诉她的珠宝失窃时，导演说了这样一句话："千

万不要为不能为你哭泣的任何东西哭泣。"的确，当你开始为那些过去的事忧虑的时候，你应想到这个古训。莎士比亚也曾说："聪明的人永远不会坐在那里为他们的损失而悲伤，却会很高兴地去找出办法来弥补他们的创伤。"过去，就让它真正地永远地成为过去；现在才是你真正的财富，坦然承受已经发生的一切，你将成为最后的赢家！

生活中我们常常毫无意义地抱怨，而从不去"注意下一件事"。我们时常会碰到某件不可避免的事实，我们很有可能会做傻事，但当事情已经发生，日后我们还是去想怎么弥补它，这只能使我们痛苦不堪。与其让自己想起所有不愿意想的事情，不如欣然地接受我们早就知道的不可能改变的事实，而专心地注意下一件事情。济慈曾说："平静地承受一切赤裸的真理，正视现实，这是最高的权力。"但这并不是说，在碰到任何挫折的时候，都应该低声下气。那样就成为宿命论者了。不论在哪一种情况下，只要还有一点挽救的机会，我们就要奋斗。可是当事情是不可避免的——也不可能有任何转机时——为了保持我们的理智，让我们不要"左顾右盼，无事自忧"。

"当我们不再反抗那些不可避免的事实之后，"爱尔西·麦可密克在《读者文摘》的一篇文章中写道，"我们就能节省下精力，创造出一个更加丰富的生活。"没有人能有足够的情感和精力，既抗拒不可避免的事实，又能利用这些情感和精力去创造新的生活。你只能在这两者中间选择其一，你可以面对生活中那些无可避免的暴风雨而弯下自己的身子，你也可以抗拒它们而被摧折。

在忧虑摧毁你以前，要先改掉忧虑的习惯，那就是：接受不可避免的事实并专心地注意下一件事情。不要为打翻的牛奶而哭泣，让我们省下那些为打翻牛奶而流的泪吧！展望未来，还有一大段路要走，有更高尚的事情让你洒下热泪。所以，不要在一件错事上停滞不前了，坚强的意志将伴你努力前进。

一生受益的至理名言

NO.53

人首先是个把自我向着一个未来推进而且知道自己正是在这样做的生物。

　　迪斯累利是一个犹太人，他的血管里流淌的是犹太人那种顽强不屈的血液，小的时候迪斯累利就对自己说："我不是一个奴隶，我也不是一个俘虏，凭着我的精力，我可以战胜和跨越一切障碍。"尽管整个世界似乎都在和他作对，他却牢牢地记住了历史上那些不朽的犹太人的光辉业绩：约瑟，他是四千多年前埃及的最高主宰；丹尼尔，他是基督诞生前的五世纪世界上最伟大帝国的元首。

　　少年的壮志犹如燎原之火，希望和梦想成为一种激情，深深扎根于迪斯累利的现实生活中。通过不懈的努力和抗争，迪斯累利从社会的最底层跨入了中产阶层的行列，接着，迪斯累利又雄心勃勃地杀入了上流社会，直到最终登上了权力金字塔的最高峰，成为英国的首相。

　　当然，在他通往成功的道路上布满了荆棘和坎坷，他一一领略了世人的指责、白眼、蔑视、嘲讽，以及众议院里的嘘声。但是无论什么都无法阻挡迪斯累利前进的脚步和决心。面对所有的挑战，迪斯累利只是冷静地回答："总有一天你们会认识我的价值，这一刻终会到来的。"事情发展的结果正如他所说的那样，他希望的那一刻真的到来了，这位在世人的眼里根本没有希望的人终于出人头地了。在整整四分之一世纪的时间里，迪斯累利主宰着英国政治的沉浮。

　　人生不能没有希望，所有的人都是生活在希望中的。假如真的有人是生活在无望的人生当中，那么他只能是失败者。有的人遇到一些失败或障碍，很容易便悲观失望，消极下去。或在严酷的现实面前，失掉活下去的勇气；或怨恨他人，结果落得个唉声叹气、牢骚满腹。其实，身处逆境而有志气的人，肯定

会找一条活路，在内心里也会体会到人生的真正乐趣。

保持"希望"的人生是有力的，失掉"希望"的人生是无力的；"希望"是人生的力量，在心里一直抱着"美梦"的人是幸福的。也可以说抱有"希望"活下去，是只有人才被赋予的特权。只有人，才能由其自身产生出面向未来的希望之"光"，才能创造自己的人生。

在走向人生这个征途中，最重要的既不是财产，也不是地位，而是在自己胸中像火焰一般燃烧起的志气，即"希望"。因为那种毫不计较得失、为了希望而活下去的人，肯定会生出勇气，不怕困难，肯定会激发出巨大的激情，开始闪烁出洞察现实的睿智之光。终生怀有希望的人，与时俱进，他们才是具有最高信念的人，才会成为人生的胜利者。

在这个世界上，有许多事情是我们所难以预料的。我们不能控制机遇，却可以掌握自己；我们无法预知未来，却可以把握现在；我们不知道自己的生命到底有多长，却可以安排当天的生活；我们左右不了变化无常的天气，却可以调整自己的心情。只要有志，就有希望；只要每天给自己一个希望，我们的人生就一定会多彩多姿。

人最怕的是没有志气。没有志气会使人失去面对现实、挣扎抗争的勇气。而与此相反，希望却正如坚强的生之意志，它能使一切看似无可救药的事物重获生机，欣欣向荣。如果一个人的心灵有了希望，还有什么东西可以打败他呢？

每天给自己一个希望，就是给自己一个目标，给自己一点信心。希望是什么？是引爆生命潜能的导火索，是激发生命激情的催化剂。每天给自己一个希望，我们将活得生机勃勃，激昂澎湃，哪里还有时间去叹息、去悲哀，将生命浪费在一些无聊的小事上呢？生命是有限的，但希望是无限的，只要我们不忘每天给自己一个希望，我们就一定能够拥有一个丰富多彩的人生。

一生受益的至理名言

NO.54

今天的生活是由三年前我们的选择决定的，而今天我们的抉择将决定我们三年后的生活。

有3个人要被关进监狱3年，监狱长答应满足他们每人一个要求。

美国人爱抽雪茄，要了3箱雪茄。

法国人最浪漫，要一个美丽的女子相伴。

而犹太人说，他要一部与外界沟通的电话。

3年过后，第一个冲出来的是美国人，嘴里鼻孔里塞满了雪茄，大喊道："给我火，给我火！"原来他忘了要火了。

接着出来的是法国人。只见他手里抱着一个小孩子，美丽女子手里牵着一个小孩子，肚子里还怀着一个孩子。

最后出来的是犹太人，他紧紧握住监狱长的手说："这3年来我每天与外界联系，我的生意不但没有停顿，反而增长了200%，为了表示感谢，我送你一辆劳施莱斯！"

人生要做两件事：去做对的事情、把事情做好。前者是选择的问题，后者是坚持的问题。选择决定生活，坚持改变生活。

人的一生，面临着许多选择。只要你生活在这个社会，就要面对选择。一次小的选择，也许会影响你的生活，而一次重大的选择，就会决定你的一生。有些人破釜沉舟，寒窗苦读，一举成名天下晓；有些人一念之差，头脑发热，一失足成千古恨。有的人无所谓地对待选择，因此他的生命也变得轻飘飘，不值一文；有的人审慎而明智地对待选择，因此他道路通达，事业顺遂。

有的选择，一生未必能碰上一次；有的选择，多年才能碰上一次；有的选

择，天天都存在，时时都在考验着人。日常的选择是繁多琐碎毫不起眼的，但它们却时时刻刻地在主宰你的心绪、情感，不知不觉地决定和影响你命运的发展。选择绝非一件易事，它如同一场考试，在检验着每个人的见识、思想、志向和决断。人的遭遇、命运乃是每个人一次次选择积累的结果，而不是神和上帝加给哪一个人的东西。目迷五色，耳惑五音，久久徘徊于人生的十字路口，不断地改换自我去追随时尚，迎合大众，都是不善选择的结果。寻欢作乐、游戏人生是一种选择；孜孜不倦、争分夺秒、埋头苦干是一种选择；边干边玩、亦玩亦干同样是一种选择。不同的选择把人们导向不同的路途和方向，使各自的人生呈现出不同的色泽和价值，最终收获不同的果实。

古希腊哲学大师苏格拉底的3个弟子曾求教老师，怎样才能找到理想的伴侣。苏格拉底没有直接回答，却让他们走田埂，只许前进，且仅给一次机会，要求是选摘一个最好最大的穗。

第一个弟子没走几步，就看见一个又大又漂亮的穗，高兴地摘下了。但他继续前进时，发现前面有许多比他的那个大，但他已经没有机会了，只得遗憾地走完全程。

第二个弟子吸取了教训，每当他要时，总是提醒自己，后边还有更好的。可当他快到终点时才发现，机会全错过了。

第三个弟子吸取了前边两个的教训。当他走过全程三分之一时，即分出大、中、小三类；再走三分之一时，验证是否正确；等到最后三分之一时，他选择了属于大类中的一个美丽的穗。虽说，这穗不一定是田里最好最大的一个，但对他来说已经是心满意足了。

选择就如打开一道道通往理想的门。门开对了，你就距理想更近一步；开错了，就注定要走很多弯路，甚至踏进一条死胡同。为早日达到理想的彼岸，请学会选择。一旦有了选择就必须执著、持久，才能使选择戴上成功的桂冠。人生路漫漫，似在纵横交错的河流中，成功的彼岸是向任何人都敞开着的，既然选择了航道，纵使前面狂风暴雨，巨浪掀天，相信在与惊涛骇浪的搏击后，明天的天空又是风和日丽，梦想成真就不是那海市蜃楼的空话。

NO.55
一个人最大的危机就是没有危机意识。

美国著名指挥家、作曲家沃尔特·达姆罗施二十几岁就已经当上了乐队指挥。指挥是全乐队的灵魂，年纪轻轻就担任这么重要的职务，沃尔特·达姆罗施却没有忘乎所以。旁人对他谦和、沉稳的态度既欣赏又惊讶，还是沃尔特·达姆罗施自己揭开了这个谜。

"刚当上指挥的时候，我也有些头脑发胀，自以为才华盖世，没有人可以取代得了。

"有一天排练，我把指挥棒忘在家里，正准备派人去取。秘书说，没关系，问乐队其他人借一根就可以了。

"我心想，秘书一定是老糊涂了。除了我，谁还可能带指挥棒！但我还是随便问了一句：有谁能借我一根指挥棒？

"话音未落，3根指挥棒已经递到了我的面前。大提琴手、首席小提琴手和钢琴手，每人都从上衣内袋里掏出一根指挥棒。

"我一下子清醒过来，原来我不是什么必不可少的人物！很多人都在暗暗努力，时刻准备取代我。

"以后每当我想偷懒、飘飘然的时候就会看到那3根指挥棒在眼前晃动。"

孟子曾说，"生于忧患，死于安乐"，意思就是，人要有忧患意识，要有"危机意识"。

一个国家如果没有危机意识，迟早会出问题；一个企业如果没有危机意识，迟早会垮掉；一个人如果没有危机意识，必会遭到不可测的横逆。

未来是不可预测的，而人也不是天天走好运的，就是因为这样，我们才要有危机意识，在心理上及行为上做好十足的准备，好应付突如其来的变化。如

果没有准备，不要谈应变，光是心理受到的冲击就会让你手足无措。有危机意识，或许不能把问题消除，但却可能把损害降低，为自己打出一条生路。

《伊索寓言》里有一则这样的故事：有一只野猪对着树干磨它的獠牙，一只狐狸见了，问它为什么不躺下来休息享乐，而且现在没看到猎人。野猪回答说：等到猎人和猎狗出现时再来磨牙就来不及啦。

现代人不能没有危机意识。汽车都有"备胎"，在人生的旅程中，我们每个人也都应该为自己准备一个"备胎"。那些优秀而成功的人早已经清醒地意识到危机的存在，而我们更应该看到危机的存在。

为什么在浩瀚的海洋中，鲨鱼是海洋中的霸王？其实，鲨鱼除了拥有尖利的牙齿以外，就没有什么值得炫耀的优势条件。鲨鱼不是游泳的好手，因为它没有鱼鳔、鱼鳞等，不能随意上升或下降，不能潜伏和停留在水中片刻，在水中鲨鱼没有什么优势可言。但是，鲨鱼的危机感很强，而且有着比一般鱼类更强烈的生存欲望。一天到晚，鲨鱼总是在四处游动觅食，所以鲨鱼的体质更强健，性格更凶猛残暴，主动攻击性更强，所以它可以捕捉到更多鱼。试想一想，如果鲨鱼停止了游动，那么鲨鱼肯定成为别人的盘中餐。因此，任何一个人都必须有一种永不疲倦的"鲨鱼"精神。只有这样，才能避免被淘汰的危机。

人生也正是因为危机时刻都存在，才促使我们战胜危机以后，健康地成长起来。面对危机，我们不能有半点懈怠。而避免危机，则需要一场艰难的跋涉。历史上成吉思汗的铁骑曾是何等的威风，打下了中国历史上最大的疆域，让欧洲惊恐地形容为"黄祸"。然而，当蒙古人满足了之后，他们感觉再也没有什么危机了，便马放南山。不出几年的时间，竟然让一个讨饭的和尚夺得了天下。清代的八旗子弟最初可谓如狼似虎，从关外一直打入关内，建立一统江山。而到了清代后期，八旗子弟就成为无所事事、吃喝玩乐的代名词了。

危机意识是人生的一笔财富。"居安思危，未雨绸缪"，是一种超前的忧患意识。人的意识一旦超前就具备了比他人更大的优势，也就成为其获取更大财富的根本能力。

侥幸是人的天敌。飞机在天空中爆炸，人们才知道安全的重要；矿难在身边发生，人们才知道自己缺乏起码的安全、自救知识；汽车肇事，人们才想起

一生受益的至理名言

"宁停三分"多么重要；竞争惨败，经营者才懂得了知识的贫乏；意外事故一桩接一桩，人们才意识到我们已经进入一个需要保险的时代；医疗事故发生了，人们才开始重视操作规程；贪官被捉，人们才想到"伸手必被捉"的警告……

我们的社会是一个竞争激烈的社会，我们的周边环境并不安全。这就要求我们每个人都必须既要有"远虑"，又要有"近忧"，这样才能保证在整个人生旅途中，承受得住坎坷、挫折、苦难、路途遥远等种种考验。成功青睐那些有准备的人，安全生产是这样，竞争取胜是这样，发展经济也是这样。

人不如骆驼有耐力，但是，骆驼没有思想，人有思想。看到了自己的不足，就应该加以改正；看到了骆驼的优点，就应该学习。"虚心使人进步"、"准备使人成功"，这无疑也是一个真理。但愿我们能够从骆驼的常怀忧患之心中，受到启发，时刻准备着迎接更严峻的挑战，时刻准备着完成更艰苦的工作。

准备使我们接近成功，准备使我们走进成功，准备使我们获得成功。什么是真正的忧患？那就是没有准备，没有忧患意识，没有接受成功和失败的平和心态。任何侥幸、自满的心理，都是导致失败、导致事故、导致灾难，甚至是导致死亡的最直接原因。培养自己的"危机意识"，"时刻准备着"，才是积极的态度、正确的态度、可取的态度。

NO.56

旁观者的姓名永远爬不到比赛的计分板上。

在一个促销会上，某公司的经理请与会者全都站起来，看看自己的座椅下面有什么东西。结果每个人都在自己的座椅下面发现了钱，最少的也捡到了 5 美分硬币，最多的有人拿到 100 美元。这位经理说："这些钱都归你们了，但你们知道这是为什么吗？"没有人能猜出这是为什么。经理一字一顿地道出了个中缘由。他说："我只不过想告诉你们一个最容易被大家忽视的道理：坐着不动是永远赚不到钱的。"

现实生活中，有些人钟情于临渊羡鱼，却不愿意退而织网，有些人生性懒惰甘于清贫，却不愿用自己的双手去改变一下，还有人面对竞争激烈的社会，无所适从，放弃努力，就此消沉。我们往往埋怨机缘总是与自己擦肩而过，成功也总是与自己相隔一步之遥，而实际上，如果我们细心留意，大凡成功的人，都能够及时站起来，发现自己的机遇所在。面对这么一个纷繁公平的社会，机会对每个人而言都是均等的，只要你愿意付出，哪怕就像动一动那把椅子一样，就能得到 1 至 100 美元，有时候成功只是举手之劳，但有人却连举手这样简单的努力都做不到。

诚然，世界上没有人能够顺利完成创业，没有人能够坐享其成，天上掉馅饼只是故事里的事。即便有人拥有丰厚的财富，如果不做任何努力，财富就会像日历一样越翻越薄，直至消失。曾经被《财富》杂志评为香港首富的李嘉诚在商场上打拼了 50 多年，他对成功的看法有着独到的见解，他说："事业上的成功百分之百是靠勤劳换来的，即使其中有 10% 的好运气，但还要靠 90% 的勤劳来获得。"他对年轻人的第一忠告就是：努力就有机会。

一生受益的至理名言

坐着不动，空有赚钱的欲望和愿望是无济于事的。要赚钱，你就得"站起来"，去努力、去尝试。正如《谁动了我的奶酪》一书告诉我们的："只有不断地去寻找、去发现，才能找到属于自己的奶酪；坐着不动，浅尝辄止，那么，世界上有再多的奶酪也不属于你。"

坐着想是需要的，但没有接下去的"站起来干"是没用的。光想不动，光说不做，想得再好，说得再好都不顶用。我们往往会遇到这样的事：当看到别人取得成功时，我们会后悔万分。自己当时也想到了，只是怕这怕那，没有果断地去实行。结果人家去做了，并获得了成功，自己错过了极好的机遇，悔之莫及。事实上，许多事只要果断地去做，很有可能获得成功。成功常常与我们只有一步之遥，问题是我们没有及时地、主动地去努力，去把握，前怕狼后怕虎，瞻前顾后，心动而没有行动，成功也就擦肩而过，与我们无缘。

赚钱要"站起来"，干什么事都得"站起来"。好的机缘是永远不会亲自登门拜访"坐着不动"的人的。且不说天上不会掉馅饼，即使天上掉馅饼，你坐在屋里同样得不到任何大大小小的馅饼。当我们坐着瞻前顾后，不知何去何从的时候，应该果断地站起来。站起来才会在下一个机缘到来的时候，不至于猝不及防，束手无策，甚至失之交臂。

世界就在你面前，但你想要什么，不能坐着不动，因为它是不会自动飞到你的面前的，要站起来去争取。朋友，要想赚钱，要想成功，就得勇敢地、坚决地站起来。

NO.57

小事不干，将在更小的事情上操劳。

耶稣带着他的门徒彼得远行，途中发现一块破烂的马蹄铁，耶稣就让彼得捡起来，不料彼得懒得弯腰假装没有听见。耶稣也没说什么，自己弯腰捡起了马蹄铁，在铁匠那儿用它换了三文钱，并用这些钱买了十七八颗樱桃。出了城，两人继续前进，经过的是茫茫荒野，耶稣猜彼得渴得厉害，就把藏在袖子里的樱桃悄悄地丢出一颗，彼得一见，赶紧捡起来吃。耶稣边走边丢，彼得也就弯了十七八次腰。于是耶稣笑着对他说："要是你刚才弯一次腰，就不用在后来一次又一次地弯腰了。小事不干，将在更小的事情上操劳。"

尚福尔说："在重大事件中人们表现的是自己的理想形象，在琐事中他们才暴露出本来面目。"其实不仅如此，许多现象，表面上往往只是小事一桩，但细想之下，百味皆备，由此你只能莫名地发出一声长长的感叹，感叹人生的温馨与苍凉，感叹岁月的匆迫与绵长……

小事其实并不小，我们的人生就是一个小事里的人生，甚至可以说，我们一生都在与小事打交道。小到一个人，大到治理国家，其实也都一样。在一般人心中有一个极普遍的错误观念，就是他们认为只要大事做得好，小事是否做得好并没有什么大关系。实际上，这种错误的观念给人们带来了极大的损害。因为一切的事都是由小事积累而成的。小事做不好的人绝不会把大事做到好。无论是个人、家庭、社会、国家、民族，一切的罪恶、灾祸、战争、冲突，都是从小事酿成大事，从极小不幸的开端，酿成极悲惨苦痛的结局。小的罪恶是多么可怕呀！只有明智的人能在祸患起始的时候便看出远处的那可怕的结局，

一生受益的至理名言

因此先设法消弭，大多数的人却毫不在意，以为小事无关紧要。及至大错铸成，大祸临近的时候，想要挽救却已经来不及了。

在生活中，总有一些人由于各种原因，而对小事不肯弯这么一次腰，其后果便是灾难性的。在工作中也是一样，我们每个人所做的工作，都是由一件件小事构成的。士兵每天所做的工作就是队列训练、战术操练、巡逻、擦拭枪械等小事；饭店服务员每天的工作就是对顾客微笑、回答顾客的提问、打扫房间、整理床单等小事；你每天所做的可能就是接听电话、整理报表、绘制图纸之类的小事。你是否对此感到厌倦、毫无意义而提不起精神？你是否因此而敷衍应付，心里有了懈怠？这不能成为你的借口。请记住：这就是你的工作，而工作中无小事。要想把每一件事做到完美，就应把这些小事做到完美。

人生无小事。我们要从小事做起，认真地做好每一件事。有时机遇总是突然地、不知不觉地出现，有时你甚至一辈子也不知道哪个是机遇；此外，每做一件事情实际上就是对自身素养、品行、学识进行一次修炼，千万不要因为小或者低微就鄙视它，放弃将使你失去一次修炼的机会，也减少了一次提高的可能。美国前国务卿鲍威尔在他任参谋长联席会议主席时写了一本传记。他是一个牙买加黑人，开始时的第一份工作是进一个大公司当清洁工，因为在这种大公司里牙买加黑人只有一个工作可以做——清洁工。他做的每一件事都非常认真，而且效率极高，老板就此断定他是个人才，然后很快破例提升他。这就是鲍威尔人生的第一个经验：认真做好每一件小事。

如果你不能成为大道，那就当一条小路；如果你不能成为太阳，那就当一颗星星。决定成败的，不是你尺寸的大小——而在于做一个最好的你！其实那些不愿干小事的人往往并不意味着他们真的想干大事，不过是想一蹴而就，然后坐享其成。人的一生常常就是如此，一件小事处理不好就要出乱子。我们不能全是船长，必须有人来当水手，因此你应该牢记这句话：世上有许多事让我们去做，但最重要的是我们身旁的小事。

 # NO.58

所有的胜利，与征服自己的胜利相比，都是微不足道的；所有的失败，与失去自己的失败相比，更是微不足道的。

从前，一个农夫有两个水罐，一个完好无损，一个有一条裂缝。农夫每次挑水，完好的水罐总能把水从远处的小溪运到主人家，而有裂缝的水罐回到主人家时往往只有半罐水。这使有裂缝的水罐感到无比痛苦和自卑。一天，她在小溪边对主人说："我为自己每次只能运半罐水而感到惭愧。"农夫惊讶地说："难道你没看见每次回家的路旁那些盛开的鲜花吗？这些花只生长在你那一边，而没有生长在另一只水罐那一边，因为我早就知道了你的裂缝，并利用了它，我在你这一边撒下了花种，于是每一天我们从小溪回来的时候，你就浇灌了它们。如今，这些鲜花已经给我们一路上带来了许多风景。"

大凡自卑者，总是一味轻视自己，总感到自己这也不行，那也不行，什么也比不上别人。这种情绪一旦占据心头，结果是对什么都不感兴趣，忧郁、烦恼、焦虑便纷至沓来。倘若遇到一点困难或者挫折，更是长吁短叹，消沉绝望，那些光明、美丽的希望似乎都与自己断绝了关系，这与现代人应该具备的自信的气质和宽广的胸怀是格格不入的，必须引起人们的警觉。

仔细思忖，自卑实际上是一种徒然的自我折磨，因为它不会给人以激励，不会给人以力量，反而只会摧残人的身心，盗走人的骨气。容忍它的存在是有百害而无一利的。现实生活的实践早已证明，凡属自卑情绪严重的人，除了自己得不到快乐外，在事业上也不会得到更大的成功。相反，那些成就巨大的人，都是心胸广阔、信心十足的人。任何的困难对他们来说，都不屑一顾，到头来终究会走向成功。自信自强是人才成功的内在的决定性条件，是成功的精神因素。

消除自卑，就要对自己现存的力量感到满足。要客观地评价自己，相信自己的力量，发挥自己的长处。做事要有信心，应总想着自己行，自己是有能力的。意大利的但丁在《神曲》中写道："不要怕，定定心，我们已在更好的路上了；不要后退，发挥你的力量吧！"要相信，一时不能理解的事情总是可以理解的，一时办不到的事情总是可以办到的。只有这样，才会有胆量做事，才会产生出无穷无尽的力量，才会高高兴兴地踏着自己制定的路线，朝着既定的目标前进。

消除自卑，就不要用别人的"标准"来衡量自己。理由是，因为你不是他人，他人的优势你不会完全具备。他人做到的事情，有的你可以做到，但有的无论你的愿望多么强烈，实际上也很难做到。同样，他人也不完全具备你的优势，你能办得到的事情，他人往往很难办到。只要相信、明白和接受了这个道理，自卑感就会自然地消失。当然，这里仅仅只就从事某项具体工作而言，绝对不是不去学习别人的长处。相反，他人的勇于进取的精神、坚忍不拔的毅力和永不言败的工作劲头，恰恰是需要我们认真加以学习的。

正确认识自己。俗话说"尺有所短，寸有所长"、"金无足赤，人无完人"，每个人都有长处与短处，因此，正确的比较应该全面。既比上，又比下；既比优点，也比缺点。跟下比，看到自身的价值；跟上比，鞭策自己求进步。世上任何人都逃脱不了这个公式，明白了这一点，心理也就取得了平衡。其实，最重要的比较，是自己跟自己比。走自己的路，奋发努力，不断进步，放出自己的光和热，这就是光荣的、有意义的人生。选择更适合自己的途径发挥自己的长处，自卑的心理也就没有立足之地了。

NO.59

只要你心里驻扎着拥有清泉的信念，即使在沙漠里，干枯的沙子也可以变为清冽的水。

　　一片茫茫无垠的沙漠中，一支探险队身负重载艰难地跋涉着。阳光似火，风沙狂舞，探险队却断了水。

　　"这里还有一壶水，但穿越沙漠前谁也不能喝。"生死关头，探险队长从腰间拿出一壶水。那壶水依次从探险队员手里传过，沉沉的。一种充满生机的喜悦在每个队员绝望的脸上弥漫开来。终于，队员们一步步走出了死亡线，顽强地穿越了茫茫沙漠，在他们喜极而泣的时候，突然想到了曾给了他们全部希望的那壶水。

　　拧开壶盖，没有清水汩汩流出，倒出来的却是沙。惊讶之余，队员们陷入了沉思。

　　信念是什么？信念是夸父奔跑时天边的太阳，是雨夜归家路上的一盏忽明忽暗的灯，是天文学家望远镜中的一颗小星星；信念是根脊梁，支撑着一个不倒的灵魂，支撑着人生的大厦；信念是盏明灯，照亮着一个期盼的心灵，照亮着人生的殿堂；信念是个路标，指引着一个前进的方向，指引着人生的道路。也许在一些人眼中它是那么遥远和微不足道，但对于你我而言，它却是一生的追寻。

　　一位盲僧向一位老人问路："那座罗刹宝寺在哪儿？"老人答："翻过两座山便是。"见盲僧毅然前行，老人不禁担心道："长者双目失明，怎么能翻山越岭？"盲僧头也不回，从容地抛下 4 个字："心中有道。"是啊，心中有道。坚强的信念远比物质上的财富有用得多。

　　人生需要坚定的信念。人生的道路固然难以一帆风顺，固然布满荆棘、充

一生受益的至理名言

满坎坷。但只要有坚定的信念，就总会看到希望，看到曙光。即使前路有再多的艰难困苦，即使前方的风浪再大，也会执著追求，无怨无悔。人生的价值并不在于成功后的荣光，而在于追求的本身，在于坚定的信念。信念总是徘徊于坚持与动摇之间，总是彷徨于前进与退缩之间。信念的失去固然有外在的迫力，固然有种种的无力与无奈，但主要还在于自己。外因永远靠内因才起作用。正如信念的重塑需要外在的推动力，但最终还要靠自己去完成，任何人都不可能把信念深植于你的心中。

信念就是航船上的罗盘，信念会一步步地指引你："往前走，这才是你人生的目的所在。"于是你不再彷徨，不再空虚，不再无助；也就是从这儿开始，你找回了真正的自己。相形之下，一个没有信念的人，就犹如一副没有灵魂的躯体，只是空壳罢了。

信念可以来自窗外的那棵橡树，也可以来自你初次流泪时手边的书，甚至可以来自一句话，或一句善意的谎言。信念来源于平凡，却滋生出伟大。所以，迷茫的人啊，如果你仍为终日碌碌无为而烦恼，为虚度年华而感到羞愧，那么，别再等待了，细心去体会生活中的一切，从中找回属于你自己的信念。到那时，你才能感到一种前所未有的充实，因为在人生的信念中，藏着你生命中最大的秘密，也是生命的意义所在。抓住信念，才能创造完美的人生。

多少次，我们在信念的鼓舞下，登上人生的一个个坚实的台阶，攀越一座座命运的高山；多少次，我们在信念的支配下，抛却一个个悲观绝望的念头，拒绝一次次险恶的人生诱惑；多少次，我们在信念的指引下，在一条泥泞的小道上艰难跋涉……在人生的漫漫征途上，信念是我们最好的伙伴。它犹如一位良师益友，痛苦时，给予心的抚慰；困难时，给予热情的援助；失败时，给予不倒的支撑。信念是人生的干粮，它时时刻刻喂养着我们的内心，滋养着我们的精神。因为拥有信念，我们内心盛满了阳光；因为拥有信念，我们的精神始终乐观向上。信念是一针强心剂，它让心灵虚弱的人变得坚强，它让奄奄一息的人再次放射生命的光芒！英雄之所以成为英雄，是因为英雄的内心活跃着一种崇高坚定的信念。只要信念不倒，我们浑身就充满力量；只要信念不倒，我们就能从失败一步步迈向成功的辉煌。用信念拥抱人生，是强者的理想；用信念拥抱人生，是勇者的愿望。

NO.60

全世界的黑暗也不能使一支小蜡烛失去光辉！

　　曾经有一个北极考察队在北极考察。队长贝德给队员们布置了一个任务，要求大家在记录考察日志外，每天每个人还要写日记，日记以描写阳光下的景物为主。

　　由于日期延误，考察队无法及时返回，他们不得不在黑暗、寒冷和孤寂的极夜中停留很长一段时间。队员们发现，黑暗和寒冷还可以忍受，只是那份孤寂压得每个人都要发疯了。这时，队长贝德宣布："现在我要检查你们的日记，请大家依次朗读！"人们安静下来，只有朗读者在声情并茂地讲述阳光下的故事。人们仿佛看到了闪着银光的雪原，看到了成群的企鹅奔跑的身姿，看到了北极熊从水中爬上冰块，看到了阳光下美好的一切。就这样，每朗读一篇日记，人们都会想起许多美好的事物，烦躁和焦虑也一扫而光，心完全被美丽的憧憬和回忆占领了。

　　第二次世界大战期间，一个多云黯然的午后，英国小说家西霍尔·罗伯斯照例来到郊外的一个墓地，拜祭一位英年早逝的文友。就在他准备转身离去时，竟意外地看到文友的墓碑旁有一块新立的墓碑，上面写着这样一句话："全世界的黑暗也不能使一支小蜡烛失去光辉！"

　　炭火般的语言，立即温暖了罗伯斯阴郁的心，令他激动又振奋。罗伯斯迅速地从衣兜里掏出钢笔，记下了这句话。他以为这句话一定是引用哪位名家的名言，为了尽早查到这句话的出处，他匆匆地赶回公寓，认真地逐册逐页地翻阅书籍，可是，他找了很久也没有找到这句话的出处。

　　于是，第二天，他又早早地赶到墓地，从墓地管理员那里得知，长眠于那个墓地之下的是一名年仅 10 岁的少年，前几天，德军空袭伦敦的时候，不幸被炸弹炸死。少年的母亲怀着悲痛，为自己的儿子做了一个墓，并立下了那块墓碑……

没有了光，没有了温暖，很难想象这世界会变成什么样子，一位母亲在年幼的儿子墓前点亮了一支"蜡烛"，那是用生命的火、激情的火、希望的火、正义的火点燃的一支"心烛"。它能够减少黑暗，它能够鼓励失望，它能够驱除邪恶。的确，只要心中充满阳光，哪怕你跌入了无边的黑暗与寒冷的深渊，你的心中，你的世界也会是明亮而温暖的。

有一种鱼，叫仙胎鱼。仙胎鱼在水中游动异常灵敏，再加上身体透明，在水中极难辨认，外行人想捕到仙胎鱼，简直像摘星一般难。然而，反应灵敏的仙胎鱼，却被内行的渔人大量捕捉，以致仙胎鱼家族正遭受濒临绝迹的厄运。

渔人捕捉仙胎鱼的方法很简单，只要两个人各划一只木筏，在河中央相对拉开距离，再用一根粗麻绳贴着水面系在两只木筏中间。然后，两人同时划着木筏，缓缓往岸上靠。而在岸上等着的渔人一见木筏快靠岸了，便纷纷拿起渔网，到岸边就能轻易地捞起仙胎鱼。

为什么只用一根贴在水面上的绳就能把鱼赶到岸边呢？原来，仙胎鱼有一个致命的弱点：只要一有影子投射水中，它们是宁死也不敢靠近的。水中一根绳子的阴影，竟把仙胎鱼赶进了死胡同。

有时，人生也会遭遇生活的阴影，但如果像仙胎鱼那样，一见到阴影就胆怯、退缩，那么，一抹小小的阴影，也会堵死人生的一切出路。

世间事也往往如此，许多身处黑暗的人，虽磕磕绊绊，但他们心中有光明，"摸着石头过河"，便最终走向了成功；而另一些人，虽眼前有光明，但心中茫然，反而迷失了前进的方向。

人生没有跨不过的阴影，鼓起勇气、点燃心灯，让心中充满光明，自然会超越阴影。黑暗与光明是同一个空间，点了灯就大有不同。黑暗的心与光明的心又有什么不同？只是心里点了灯罢了，对心中点灯的人，黑暗也无法局限他了，他就能看到生活的阳光和光明的前景。

NO.61

快乐的人总是在他们还没有功成名就之前就已经很快乐了。

上个世纪，一位少年梦想成为帕格尼尼那样的小提琴演奏家，他一有空就练琴，练得心醉神痴，却进步甚微，连父母都觉得这可怜的孩子拉得实在太蹩脚了，完全没有音乐天赋，但又怕讲出真话会伤害少年的自尊心。

有一天，少年去请教一位老琴师，老琴师说："孩子，你先拉一支曲子给我听听。"少年拉了帕格尼尼24首练习曲中的第三支，简直破绽百出，不忍卒听。一曲终了，老琴师问少年："你为什么特别喜欢拉小提琴？"少年说："我想成功，我想成为帕格尼尼那样伟大的小提琴演奏家。"老琴师问道："你快乐吗？"少年回答："我非常快乐。"老琴师把少年带到自家的花园里，对他说："孩子，你非常快乐，这说明你已经成功了，又何必非要成为帕格尼尼那样伟大的小提琴演奏家不可呢？在我看来，快乐本身就是成功。"

少年听了琴师的话，深受触动，他终于明白过来，快乐是世间成本最低、风险也最低的成功，却能给人真实的受用。倘若舍此而别求，就很可能会陷入失望、怅惘和郁闷的沼泽。少年心头的那团狂热从此冷静下来，他仍然常拉小提琴，但不再受困于帕格尼尼的梦想。这位少年是谁？他就是阿尔伯特·爱因斯坦，他一生仍然喜欢小提琴，拉得十分蹩脚，却能自得其乐。

快乐即成功，这是充满阳光的人生哲学。在现实生活中，我们不难见到这样一类人，他们脸色红润，身体健康，笑口常开，心情愉快，他们活出了人之为人的全部趣味，在事业上却没有太大的建树，与名利双收、功成名就不怎么沾边。这样的人果真是失败者吗？

一生受益的至理名言

任何一个人，无论做什么事情，只要能从中获得一种快乐的心情，都是成功的。这种快乐和诗人写出一句好诗而获得的快感、和商人挣到很多钱或者体力工人干活出了一身汗而神清气爽的快感是一样的。职业或者活法只是人对自己生活方式的选择，而不管选择了何种职业，生活的价值都在于享受生命的快乐。换句话说，活得有趣、快乐即成功，在这点上，国王与乞丐平等，诗人与非诗人一致。无论我们从事什么样的职业或做什么样的事情，其最终落足点应该是生存本身，而不是被线性思维引领的生存以外的东西，我们任何人都应该恢复为"人本身"，而不是被林林总总理想主义旗号异化的非人。

每一个人都想成功，很多不快乐的人都以为只要自己获得成功，就可以很快乐。事实并不然，把快乐和成功画上等号是阻碍人们获得真正快乐的绊脚石。

你不妨自问：自己必须成功到怎样的地步才会快乐？比方说，是收入增加三倍，成为公司总裁，拥有自己的事业，或可以经常度假？当我们是小职员时，会误以为只要升上主管后日子就会过得更好，当我们受雇于人时就渴望拥有自己的事业，当我们收入不足时会以为拥有很多财富会是一件神气的事。我们了解，不管自己成功到什么境界，下一步就会希望超越那层次，如果你把快乐与成功画上等号，期待成功后会带来快乐，那你将永远无法获得让自己更快乐的成功。

你该记住，快乐的人总是在他们还没有功成名就之前就已经很快乐了。成功只是为他们的快乐加分，那些不快乐的名人在成功之前，早就过着不快乐的生活，反而成功后更不快乐。快乐是人生的无价之宝。它不是任何金钱与地位可以买得到的，而是来自于每个人自我的内心世界。

人生苦短，为欢几何？拈花而笑，快乐即成功。

NO.62

把自己当做泥土吧！总是把自己当做珍珠的，就时时有被埋没的痛苦。

　　两只大雁与一只青蛙结成了朋友。秋天来了，大雁要飞回南方，它们对青蛙说："要是你也能飞上天多好呀。"青蛙灵机一动：它让两只大雁衔住一根树枝，然后它自己用嘴衔在树枝中间，3个朋友一起飞上天。地上的青蛙们都羡慕地拍手叫绝，问：是谁这么聪明？那只青蛙生怕错过了表现自己的机会，于是大声说："这是我……"话还没说完，它便从空中掉了下来。

　　喜欢高调，是我们这个时代的时尚。事情还没有开始做，首先就先说出来；成功的可能性只有一点，首先就描述一个美好的蓝图；实在没有什么值得说了，还要"炒作"，因为我们唯一的目的就是吸引所有的目光，吸引所有的注意，用一个虚幻的"前景"，取得别人的支持，把其他人拉进来，一起投入到一个连自己都没有把握的事情中去！也许在我们这个时代，大家对待成功的渴望太急切了，所有的人都希望找到一种成功的捷径！大家都如此急切，甚至导致我们的心态扭曲，由"急切"变成了"急躁"！

　　低调不是安贫乐道，也不是在短缺单一时期所谓的"朴素"，更不是阿Q的"精神胜利法"。你的财富有了足够的积累，你才有可能在物质生活上保持低调。你在精神境界上有了足够的沉淀，你才有可能在精神生活上保持低调。

　　低调是一种优雅的人生态度！理想有时是高昂的，但生存必须低调。激昂是一种气质，低调同样是一种气质。项羽即使在垓下被围，四面楚歌的时候，依旧不承认失败，只是抱怨上天对他的不公；关羽被砍了头，可依旧气宇轩昂，提着自己的脑袋找仇人报仇。这些都是激昂者之中的"精品"。这种"磅礴"的

一生受益的至理名言

气势使很多人都觉得，激昂代表了一种雄壮的美，不知不觉中对这种激昂的气质产生了认可。但是，低调同样也是一种气质。有这样一个故事：一位将军，在大军撤退时总是断后。回到京城后，人们都称赞他的勇敢。将军却说："并非吾勇，马不进也。"将军把自己断后的无畏行为说成是由于马走得太慢，如此低调，也绝对不会有损将军的英雄形象。

低调者十分清楚自己的目标，也十分清楚自己能力的界限，所以，他在取舍之间有十分清楚的判断，他知道如何取舍。而取舍的判断就是成功最关键的因素之一。不能有所放弃，最终的结果必然是在自己编织出来的网中窒息死亡。杰出的音乐家懂得遵循一个简单易行的规则：每当他们把一首新乐曲收藏进自己的保留曲目的同时，都要删除一个现有的曲目。他们知道，任何人，不管他有多么高的天赋，都不可能精湛完美地演奏许多截然不同的曲目。当然，他演奏各种不同曲目可以达到中等的水平，只有寥寥几首能达到最高境界。为什么要这样，这是因为他知道自己的能力是有限的，所以必须把有限的能力运用到最值得运用的地方。

在大森林里，生长着一种蘑菇，它们在艰难的条件下生长。没有人关注它们，所有成长所需的水分和养料，它们都需要自己去努力争取。它们从森林层层积累的枯叶腐败形成的肥料中吸收养分，森林中降下的雨和残留在树叶上的水，成为它们成长中必需的甘泉。这些蘑菇就这样在无人注意的角落长大，一点点变得肥嫩。

人生对于很多人来说，是一首激越高昂的歌，铿锵有力，掷地有声。他们无论成功与失败，都会在自己的时空里，留下长久的余韵，甚至回响。但也有不少人，对人生一直都采取低调的态度，从不显山露水，永远都不期望自己成为公众人物，可他们更值得人们怀念。

 # NO.63

只要开始，永远不晚。

美国老人哈里·莱伯曼 74 岁退休后，6 年里常去一所老人俱乐部下棋，消磨晚年时光。一天他又去下棋时，女办事员告诉他：往常那位棋友因身体不适，不能前来陪他下棋了。看到老人一副失望万分的样子，热情的办事员建议他到画室去转一圈，还可以试画几下。老人听了哈哈大笑："你说什么，让我作画？我从来没有摸过画笔。"

"那不要紧，试试看嘛！说不定您会觉得很有意思呢！"

在女办事员的坚持下，莱伯曼来到了画室。那一年，莱伯曼 80 岁，第一次摆弄起画笔和颜料。回忆起这件事，老人感慨地说："这位女办事员给了我很大的鼓舞。从那以后，我每天去画室。我又重新找到了生活的乐趣。退休后的 6 年，是我一生中最忧郁的时光，没有比一个人等着走向坟墓更烦恼的事了。"从事一项活动，就会感到又开始了新的生活。

提起画笔后，他全身心投入，进步很快。81 岁那年，老人参加了一所学校专为老年人开办的 10 周补习课，第一次学习绘画知识。第三周课程结束时，老人对认课教师、画家拉里·理弗斯抱怨说："您对每个人讲这讲那，对我却只字不说。这是为什么？"理弗斯回答说："先生，因为您所做的一切，连我自己都做不到，我怎敢妄加指点呢！"最后，他还出钱买下了老人的一幅作品。

从此，老人更加勤奋了，对绘画倾注全部的热情。4 年后，老人的作品先后被一些著名收藏家购买，并进了不少博物馆。美国艺术史学家斯蒂芬·朗斯特里评价莱伯曼是"带着原始眼光的夏加尔"。

1977 年，莱伯曼 101 岁了。这年的 11 月，洛杉矶一家颇有名望的艺术品陈列馆举办第 22 届展览，题为："哈里·莱伯曼 101 岁画展"。400 多人参加了开幕式，其中不少是收藏家、评论家和记者。在开幕仪式上，莱伯曼对嘉宾们说："我并不认为我有 101 岁的年纪，而认为我有 101 年的成熟。我要向那些到了 60、70、80 或 90 岁就自认为上了年纪的人表明，这不是生活的暮年。不要总去想还能活几年，而是想还能做些什么。

一生受益的至理名言

着手干些事，只要开始，永远都不会太晚，这才是生活！"

有一位老者，已经 68 岁了。一天，他来到一个日语学习班报名。"给孩子报名？"登记小姐问。"不，自己。"老人回答，小姐愕然。老人解释："我儿子在日本找了个媳妇，他们每次回来，说话叽里咕噜，我听得着急。我想能够同他们交流。""您今年高寿？"小姐问。"68。""您想听懂他们的话，最少要学两年。可两年以后您都 70 岁了。"老人笑吟吟地反问："姑娘，你以为我如果不学，两年以后就是 66 岁吗？"事情往往如此：我们总以为开始得太晚，因此放弃。殊不知只要开始，就永不为晚。明年我们增加一岁，不论我们走着还是躺着，明年我们同样增加一岁，可有人收获，有人依然空白——差别只在于你是否开始。

生活就是这样：如果你愿意开始，认清目标、打定主意去做一件事，而且全力以赴、坚持不懈，那么即使是一息尚存，也永远不晚。只要你打定主意做一件事，绝不会为时已晚。如果必须等待，那就等待。如果必须全力以赴，那就全力以赴。如果必须坚持不懈，那就坚持不懈。太老了吗？不，只要我们一息尚存，就永远不会太晚，永远不为时间整顿生活，永远不忘更美好的明天。苏格拉底临终前，还跟他的弟子若无其事地讨论问题；圣伊格拿修虽然已经上了年纪，但还跟他的弟子们坐在一起，因为他需要而且希望学习。

古语道，"亡羊补牢，犹未为晚"。那是说牧羊人发现自己丢了羊，及时采取措施，阻止了更大的损失。"晚"是相对的概念，有早才有晚。牧羊人补牢之"晚"是绝对的，因为既然丢了羊，他的行动是在这之后采取的，这就叫"晚"。但相对于迟迟不补的做法，他显然又早了一步，这便是"永远不晚"的旨意所在。

"真的猛士"更须看到自己之晚，确定补救措施以到"不晚"。这亦如寒号鸟倘若早把建巢的伟大构想付诸实施，哪里会落得个饥寒号哭而死，被天下耻笑的下场呢？

"晚"之于成功，恰如挥一鞭之于千里马。"晚"让人感到紧迫，让人感到焦急，让人感到痛苦，也因此给人以决心，给人以力量，给人以耐力。"晚"

的刺激往往是一种警示，是一种预兆，是一种萌芽，但"晚"的启示作用使之成为一剂强心剂，一股推动力，犹如一鞭打在身上的火辣辣的兴奋。但一切的核心在于"火辣辣"之后是飞奔向前还是继续酣眠。千里马跨出的第一步是它追上前方对手的基础，有了第一步就会有许多步的超越，好比数列需有首项，有递推公式。只要千里之行始于足下，就是希望所在。千里马不跨第一步，与驽马无异，它的彷徨、犹豫甚至气馁，只会让它落后乃至失败。

我们常常在想有一天要去做什么、学什么，可是始终没有开始，就觉得好像已经来不及了，已经太老了、太迟了，但任何事情只要你开始去做，永远都不会太迟。你只要去做了，总比没有做好，问题就怕你不开始。"好像来不及了"这种借口很糟糕，一直以来在阻碍着我们向上的脚步。人生其实很难得可以学会些什么、可以拥有些什么或追求些什么，所以千万不要画地自限，尤其是现在人类的寿命又增长了，不要说我已经怎样了，所以已经不能如何了，只要及时开始，人生随时都会有很多收获。

就是因为晚了才要赶快开始，千万不要蹉跎岁月。如果你很想做一份你想了很久的工作，你想开一个你很想开的店，如果你不去开始，那个梦想永远都实现不了，到了临终的那一天你还躺在床上遗憾，当年没有去做什么、没有去学什么，那你何不就从现在开始呢？只要开始，不管成败与否，至少对自己有个交代，我总算努力过了。

只要开始，就永远不晚。

NO.64

成功是得到你所热爱的，幸福是热爱你所得到的。

有一个人，他生前善良且热心助人，所以在他死后，升上天堂，做了天使。他当了天使后，仍时常到凡间帮助人，希望感受到幸福的味道。

一日，他遇见一个诗人，诗人年轻、英俊、有才华且富有，妻子貌美而温柔，但他却过得不快活。天使问他："你不快乐吗？我能帮你吗？"

诗人对天使说："我什么都有，只欠一样东西，你能够给我吗？"

天使回答说："可以。你要什么我都可以给你。"

诗人直直地望着天使："我要的是幸福。"

这下子把天使难倒了，天使想了想，说："我明白了。"然后把诗人所拥有的都拿走了。天使拿走诗人的才华，毁去他的容貌，夺去他的财产和他妻子的性命。天使做完这些事后，便离去了。

一个月后，天使再回到诗人的身边，他那时饿得半死，衣衫褴褛地躺在地上挣扎。于是，天使把他的一切还给他。然后，又离去了。半个月后，天使再去看诗人。这次，诗人搂着妻子，不住向天使道谢。因为，他得到幸福了。

成功与幸福，到底谁更能凸显人生意义，到底谁更重要？这个问题一直困扰着我们的心灵。其实，成功就是得到你所热爱的，幸福是热爱你所得到的。

我们每个人或多或少都想体验成功的滋味，因为成功对我们的诱惑确实是那么的大，然而，在这个世界上，成功的人或者说真正功成名就的人毕竟是少数，而且就算是功成名就的人，他们体验成功的时刻，也只是一刹那，或是一段时间，这段时间过后，他们的辉煌也渐渐地随着时间消逝，他们的

生活也会渐渐归于平淡。成功对他们来说只是经历艰辛和奋斗之后获得的一种成就的体现。

那些追求成功的人是值得尊敬的人，但那些追求幸福的人也同样值得我们尊敬。幸福是什么？也许我们谁也说不出一个所以然来，幸福是一种生命状态，是一种智慧，是一种追求的心态，是一种良好的心境，等等，这些都可以称作是幸福。幸福无处不在，只在于我们有没有一颗感知幸福的心灵。人生的过程中，我们应该培养的不仅仅是成功感，还更应该是幸福感。我们在追求成功的过程中，更应该为自己保留一个享受幸福的空间，在这个空间之中，珍惜并热爱我们所拥有的，才能收获更多的心灵果实，我们的人生也才能凸显出美丽的意义。

一味地想成功的人，很难有幸福的心境，也很难面对失利后的挫折和沮丧，相反，追求幸福的人，他们能坦然面对一切，并去享受一切，哪怕是苦难和巨大的挫折。我们没有理由斥责一味想成功的人，因为这对一个人来说确实是很合理的想法，但我们有理由去欣赏那些默默无闻享受幸福的人，因为他们在现实的沉浮中依然保留着一种单纯的心灵空间，也依然有着强烈的生命意识。生命是脆弱的，也是坚韧的；生命是宝贵的，也是短暂的；生命是美丽的，也是丑陋的。正因为生命有如此多的美妙的意义，所以我们要珍惜生命，要享受生命，要学会在生命流逝的日子里感受幸福。

我们选择经历我们生活的方式，或行或走，或跑或跳。我们将发现，我们幸福与否、成功与否，生活并没有给出灵丹妙药。我们只是在每一天，用我们所有的热情去做我们所能做的。我们不会拥有一切，要是可以的话，哪里可以放得下呢？但是如果我们足够幸运的话，我们可以找到我们热爱的工作。那是让我们每天早上带着微笑醒来的充满期待的有趣工作，那是我们对之充满激情的工作，别人还会为这样的工作付给我们薪水。

在我们成功之前，我们应该知道，成功的辉煌只能给我们带来一时的幸福，它不可能给我们永恒的快乐，只有幸福，只有时时学会去享受幸福，我们的快乐才能永恒。让我们记住："成功是得到你所热爱的东西，幸福是热爱你所得到的东西。"这就是生活。

一生受益的至理名言

NO.65

缺陷常常给我们以提醒，而优势却常常使我们忘乎所以。

3个旅行者早上出门时，一个旅行者带了一把伞，另一个旅行者拿了一根拐杖，第三个旅行者什么也没有拿。

晚上归来，拿伞的旅行者浑身都被淋透了，拿拐杖的旅行者也跌得满身是伤，只有第三个旅行者安然无恙。前两位旅行者感到非常纳闷，于是便问第三个旅行者："你怎么会没有事呢？"

第三个旅行者没有回答，而是问拿伞的旅行者："你为什么会淋湿而没有摔伤呢？"

拿伞的旅行者说："当大雨来到的时候，我因为有了伞，就大胆地在雨中走，却不知怎么淋湿了；当我走在泥泞坎坷的路上时，我因为没有拐杖，所以走得非常仔细，专拣平稳的地方走，所以没有摔伤。"

第三个旅行者问拿拐杖的旅行者："你为什么没有淋湿而摔伤了呢？"

拿拐杖的旅行者说："当大雨来临的时候，我因为没有带雨伞，便拣能躲雨的地方走，所以没有淋湿；当我走在泥泞坎坷的路上时，我便用拐杖拄着走，却不知为什么常常跌跤。"

第三个旅行者听后笑笑说："这就是为什么你们拿伞的淋湿了，拿拐杖的跌伤了，而我却安然无恙的原因。当大雨来时我躲着走，当路不好时我细心地走，所以我没有淋湿也没有跌伤。你们的失误就在于你们有凭借的优势，认为有了优势便少了忧患。"

一招不慎，满盘皆输，喜爱下棋的朋友都曾有过这种经历。大好形势下，由于一步没走好而败下阵来是常有的事。如果一个人在优势面前不能保持清醒的头脑，而是沾沾自喜，盲目乐观，你的优势就有可能变成包袱甚至是劣势。所谓"小心行得百年船"，说的就是这个道理。

很多时候，我们不是跌倒在自己的缺陷上，而是在自以为有优势的地方出了差错。因为缺陷常给我们以提醒，而优势则使人昏了头脑，忘乎所以。在世界各国的军事史上，由于暂时的优势而麻痹大意，结果招致失败甚至全军覆没的例子很多。赤壁之战就是典型的例子。在工作中，我们的经验本是一种优势，但过于依赖它时，就可能会一时麻痹，留下不安全的隐患。有一类人，常常根据以往的经历，感性地或定性地作出选择或判断，而不致力于向更深的层次、更广的领域去发展。造成的结果不是浪费就是出现不安全的问题。在朋友之间的交往中，当一方在情感上处于绝对优势时，总是很容易被幸福所麻痹，觉得对方的付出是理所当然的，只有当失去时，才发现原来只有毫无条件地付出才能拥有。做人的道理也是如此。一个人发了财，有了地位，有了年龄，或者有了学问，自然气势就很高，往往就容易得意忘形了，其实，这是没有修养的表现，对自己事业的成功也是十分不利的。

生活中，我们有可以凭借的优势，反而不会谨慎行事，而疏忽大意，结果是反受其害。所有的优势都是相对的，而不是绝对的。如果一个人过分仰仗自己的优势，他们会对一切事情都掉以轻心，其后果常常以失败而告终。只有根据客观环境不断地变换自己、调整自己去创造优势，才能够取胜，这才是一个人最大的优势。

此外，一个人的劣势因自身的改变很有可能将其转化成为优势。有一个10岁的小男孩，在一次车祸中失去了左臂，但是他很想学柔道。最终，小男孩拜了一位日本柔道大师为师，开始学习柔道。他学得不错。可是练了3个月，师傅只教了他一招，小男孩有点弄不懂了。

他终于忍不住问师傅："我是不是应该再学学其他招数？"

师傅回答说："不错，你的确只会一招，但你只需要学会这一招就够了。"

小男孩并不是很明白，但他很相信师傅，于是就继续照着练了下去。几个月后，师傅第一次带小男孩去参加比赛。小男孩自己都没有想到居然轻轻松松地赢了前两轮。第三轮稍稍有点艰难，但对手还是很快就变得有些急躁，连连进攻，小男孩敏捷地施展出自己的那一招，又赢了。就这样，小男孩进入了决赛。

一生受益的至理名言

青少年智慧人生丛书

　　决赛的对手比小男孩高大、强壮许多，也似乎更有经验。比赛过程中小男孩曾一度有点招架不住，裁判担心小男孩会受伤，就叫了暂停，还打算就此终止比赛。然而师傅不答应，坚持说："继续下去！"

　　比赛重新开始后，对手放松了戒备，小男孩立刻使出他的那招，制服了对手，由此赢了比赛，获得了冠军。在回家的路上，小男孩和师傅一起回顾每场比赛的每一个细节。小男孩鼓起勇气道出了心里的疑问："师傅，我怎么仅凭一招就赢得了冠军？"师傅回答道："有两个原因：第一，你几乎完全掌握了柔道中最难的一招；第二，就我所知，对付这一招唯一的办法就是对手抓住你的左臂。"所以，小男孩将最大的劣势变成了他最大的优势。

　　在生活中，对自己的劣势要尽力避免，对自己的优势绝不要掉以轻心，要小心应对。

 ## NO.66

凡事敢想就成功了一半，另一半只要去做，就一定能成功。

有一位年轻人，在大学里上学，有一天他忽然发现，大学的教育制度有许多弊端，便马上向校长提出。他的意见没有被接受，于是他决定自己办一所大学，自己来当校长，消除这种弊端。

办学校至少需要 100 万美元，上哪儿去找这么多钱呢？等毕业后去挣，那太遥远了。于是他每天都在寝室里面苦思冥想如何能筹到 100 万美元。同学们都认为他有神经病，做梦从天上掉钱来，但年轻人依旧坚信自己可以筹到这笔钱。

终于有一天，他想到了一个办法。他打电话到报社，说他准备明天举行一个演讲会，题目叫：如果我有 100 万美元怎么办。第二天他的演讲吸引了许多商界的人士参加。面对台下诸多人士，他在台上全心全意、发自内心地说出了自己的构想。

演讲完毕，一个叫菲利浦·亚莫的商人站起来说："小伙子，你讲得非常好，我决定给你 100 万美元，就照你说的办。"

就这样，年轻人用这笔钱创办了亚莫理工学院，也就是现在著名的伊利诺依理工学院的前身。而这个年轻人就是后来备受人们爱戴的哲学家、教育家冈索勒斯。

敢想可以使一个人的能力发挥到极致，也可迫使一个人献出一切，排除所有障碍。敢想使人全速前进而无后顾之忧。凡是能排除所有障碍的人，常常会屡建奇功或有意想不到的收获。有些受挫者常常就因为缺乏这种敢想的精神，不敢想也就无所谓敢为。他们的人格中缺乏一种主动出击的品质。所以，在不幸来临的时刻，他们的态度是消极防范，惊慌失措。他们没有足够的勇气去主动认识困境，弄清缘由，以选择走出困境的契机。

一生受益的至理名言

著名童话作家郑渊洁有一篇《金鱼马》的童话故事，金鱼和马结合就像槐树和蜻蜓结合一样不合逻辑。专家们推论说金鱼马是外星生物。其实，金鱼马是土生土长的地球生物。金鱼马本来是一匹普通的马，它觉得世界上千篇一律的马太多了，好不容易作为生命在地球上生存一次，与众不同和有自己的特色才对得起这千载难逢只有一次的生命机会。信念的魔力是所向无敌的。它坚信自己能成为金鱼马，它的头脑将它的这一信念传达给全身的每一个细胞、每一滴血液、每一条神经、每一块肌肉，并且命令它们毫无保留地协作完成这一史无前例的转变。它丝毫不怀疑自己能成功，这是它成功的关键。在一个晴天的早晨，它发现自己已经成为一匹金鱼马。它至今还记得地球上的万物头一次见到它时的那种惊讶和喜悦。它用自己的生命为这个世界增加了一道新的光彩，使地球在宇宙中更加绚丽。那匹马的同伴们非常羡慕金鱼马的地位。它们赞赏金鱼马的运气好，它们哀叹自己的运气不佳。它们说上帝偏心眼。它们只好认命。其实，每一匹马都可以成为金鱼马或乌龟马或公鸡马或白菜马或汽车马或楼房马，只是它们不敢想或不会想。

上帝在赐予每个生物生命的同时，还恩赐给它一项特异功能——敢想。可惜绝大多数人只顾埋头过活的时候，忽视了上帝对每一个生命的公平恩赐。我们自信，我们优越，因为我们拥有。年轻的岁月不再，但拥有梦想的时候不知道它的可贵，当我们真正失去时才追悔莫及。再也不要去抱怨自己的命运不好，行动就是力量。唯有行动才可以改变你的命运，一万个空洞的幻想还不如一个实际的行动。我们总是有憧憬而不去抓住，有计划而不去执行，坐视各种憧憬、计划的消逝！成功一定要敢想，而且更要敢做！"敢想"不等于空想，更不等于胡想；"敢做"不等于胆大妄为，更不等于违法乱来。

人，是命运的载体，如果你想将梦想变成现实，敢想不如敢做。放手去做吧！事在人为，不必在意众口铄金，不必踯躅于危言耸听，实现梦想是需要勇气的，敢于去想，并且敢于去做。若真能如此，你必将成功。

自　我

我们做不了什么伟大的事情，但我们可以用伟大的爱去做小事情。

NO.67

我们做不了什么伟大的事情，但是我们可以用伟大的爱去做小事情。

特蕾莎修女出生在塞尔维亚一个富有的家庭，她从小就开始思索人生，12岁时感悟到自己的天职是帮助穷人，这决定了她被称为"活圣人"的一生。

18岁的时候，她来到印度大吉岭工作，担任当地学校的老师，教授地理及历史。1937年，特蕾莎完成了修会的训练，正式宣誓成为修女，并被指派到隶属加尔各答的圣玛丽亚女中担任校长。该校是个贵族学校，学生皆来自孟加拉的上流阶层。然而，特蕾莎并不想让自己停留在圣玛丽亚女中。当地的绅士把孩子送入这个学校，期望在学校能接受最好的教育。然而，在加尔各答圣玛丽亚女校的墙外却布满了脏乱、污秽的贫民窟。特蕾莎看见这些贫民窟与贵族学校的对比，心中深受责备。她知道，贫民窟才是她要去的地方。她要进入最穷苦、最低贱的人群当中。离开修会后，特蕾莎进入最破烂的贫民窟，在那里用几卢比租下一间房子，接待贫民窟里饥寒交迫的孩童。为了他们，她亲自到街上乞讨食物并送药，帮助他们清洗身体。在这个屋子里，没有桌子、椅子，也没有黑板。她以地板为黑板，教孩子们一些孟加拉字母。

秉持这样的信念，特蕾莎创办了弃婴之家，专门收容被丢弃在路上、警察局门口、垃圾桶里和儿童之家门口的婴孩，她还创办了麻风病之家。1979年，特蕾莎获得了诺贝尔和平奖，同年也获得了印度政府颁发的全国最高荣誉奖。

特蕾莎修女曾说过这样一句话："我们做不了什么伟大的事情，但是我们可以用伟大的爱去做小事情。"特蕾莎修女不但阐述纯粹的爱是一种信念，更说明了实现这个信念要自觉从小事做起，马上行动，而非被动地希冀一下成就大事，把时间浪费在空谈上。

特蕾莎修女时常说："我们所做的每一件事仅仅是汪洋中的一滴，但如果

一生受益的至理名言

我们不这样做，这一滴便会永远失去。"这个比喻并非一种矫情的谦虚。当我们想到人类社会尚存的愚昧、自私、贪婪、嫉妒、仇恨、杀戮……以及由这些导致的贫穷、饥饿、流离、囚禁、战乱、剥削、独裁……尽管特蕾莎修女如此艰难地付出，要消除这一切的灾难确实只是沧海一粟。特蕾莎修女显然不像某些疯狂的人那样，以为自己拥有足够汇聚海洋的力量，她是理智的，她清楚地意识到这"一滴"是上帝派给她最艰巨的任务，可笑的是许多自以为正常的人却认为她疯了。她的一生或许可以让我们稍微清醒过来，事实上能做好这"一滴"已经足够使我们伤痕累累了，而我们当中的谁又真正做到过呢！

很多人都想追求卓越，但很少有人知道卓越就是爱！"心怀大爱做小事"是特蕾莎对自己工作的描述。其实，有时在你看来是一件微不足道的小事，也有可能使大多数人获益匪浅。施比受更有福。当你是施予爱的奉献者，请务必记住要以"非凡的爱去做平凡的事"，同时要用最真挚的心去帮助所需要服务的人。有时当你离开办公室轻轻关上门时，当你在公共场合掐灭烟头时，当你弯下腰捡起别人扔的纸屑时，当你为别人让路时，当你用完别人的东西放回原处时，当你顺手给别人倒上一杯水时，当你坚持着那再琐细不过的日常行为规范时，人性中最美丽的花朵也就绽放开来。

爱，是人类与生俱来的本能。墨家的"兼爱"与儒家的"亲亲"二者之间有着极大的不同。前者是无差等的爱，范围广；后者是局限于亲人之间的爱，范围隘。爱，不只要爱自己、爱家人、爱朋友、爱师长，更要爱你所不认识的每个人。史怀哲医生 30 岁那一年，是他生命中的分水岭。他感念非洲的疾苦，毅然花费 7 年从头学医，远赴非洲这块蛮荒之地，为人们祛除身上的病痛，使非洲人民远离病魔的纠缠。特蕾莎修女的"心怀大爱做小事"，史怀哲医生"敬畏生命"的真理，他们付出的爱与关怀，这样的人道精神，值得我们一生去效法与学习。

今天，物质的积累确实使我们拥有的越来越多，但我们能付出的却越来越少，亲人之间的冷淡，朋友、邻居的疏远，在这个被物欲支配的社会中，每个人都是孤独而不被需要的。其实，我们只是忽略了这样一条真理：付出就是收获，宽恕才会被宽恕，才会从死亡走向永生。因为爱，我们可以同自然万物对

话，享受宇宙的和谐；因为爱，我们的灵魂可以获得真正的自由，通达人生的真谛。

在英国曾经发生过这样一个真实的故事：有位孤独的老人，无儿无女，又体弱多病。他决定搬到养老院去。老人宣布出售他漂亮的住宅。购买者闻讯蜂拥而至。住宅底价 8 万英镑，但人们很快就将它炒到了 10 万英镑。价钱还在不断攀升。老人深陷在沙发里，满目忧郁，是的，要不是健康状况不好，他是不会卖掉这栋陪他度过大半生的住宅的。一个衣着朴素的青年来到老人眼前，弯下腰，低声说："先生，我也好想买这栋住宅，可我只有 1 万英镑。可是，如果您把住宅卖给我，我保证会让您依旧生活在这里，和我一起喝茶、读报、散步，天天都快快乐乐的——相信我，我会用整颗心来照顾您！"老人颔首微笑，把住宅以 1 万英镑的价钱卖给了他。"唯有穿鞋的人，才知道鞋的哪一处挤脚。"唯有爱与关怀，才能真正了解别人的心。打造一个乌托邦或许太遥远，用爱编织的世界只要你我肯付出心力，梦想就不再是梦想，将来必定有实现的一天，或许它已经离我们不远，甚至就在我们眼前。

"我们做不了什么伟大的事情，但是我们可以用伟大的爱去做小事情。"这句话改变了我们的生活细节，它教会我们用细小的事传递博大的爱，它使我们相信无数滴水最终能够汇成汪洋。它不仅将爱与关怀带到人类最黑暗的角落，更因此使越来越多的人变得更加善良。

一生受益的至理名言

NO.68

要质疑自己想成为什么，但永远不要质疑你自己。

从前，有个老爷爷带着孙子，牵着一头驴，准备到市场去卖。走了一段路，老爷爷听到有个路人在说："祖孙两人放着驴子不骑，真是傻瓜！"爷孙俩听后，觉得有些道理，两个人就一起骑上驴背，继续赶路。

走了不久，又遇到一个路人，那路人指着他们说："祖孙二人没有人性，两个人压得驴子透不过气来。"听了路人这么一说，老爷爷赶忙下来，让孙子一个人骑在驴背上，自己牵着驴子步行。

过了不久，经过一间茶楼，茶楼外面站着一个妇女。那妇女说："这是什么时代呀！这个小孩子这样不懂事，自己享受，让老年人走路。"那老人听到后觉得妇女说得有道理，便吩咐孙子下来，自己坐上去。走着走着来到一条大街，那里有很多妇女对着他们指指点点："嗨！这个老人怎么这样没有爱心，自己享受，让小孩子受苦！"听后，老人脸红了。

这也不是，那也不是，到底怎么样才对呢？最后，祖孙二人借了一条绳子和一根棍子，将驴子四脚捆上，两人抬着来到市场。

爱因斯坦在科学实验和科学研究的空闲之时，经常拿起小提琴，沉浸在欢乐的音乐之中；著名的英国首相丘吉尔，在著书立说、政治活动之余，经常拿起画笔，作一些风景画，而且还赠给一些国际有名的人士；中国的戏剧艺术发达，一些知名的学者很喜欢这种艺术形式，稍有空闲便唱上几段，而且在戏迷的鼓励之下，偶尔还把自己拿手的好戏在观众面前公开亮相一番。也许，在许多人看来，他们这些业余爱好的水平都是很肤浅的，比起他们精通的专业、擅

长的领域来说更是无法比拟。可是，他们在这些喜爱而陌生的行业中，得到了创造性消遣的目的，陶醉其间，自得其乐，并不惧怕别人会把这些与他们的显赫成就相比较，也不在乎外来的评价。的确，他们从这些非本行的爱好中得到了付出热情后的收获，他们追求的也就是这样的一种效果，既然这些爱好与他们所从事的事业并不具有必然的联系，那么，在这些领域的水平不高又有什么可觉得丢面子的呢？

不过，现实生活中许多人为赢得他人的赞许花费了大量的时间，或许还抛掉了自己许多难得的爱好、兴趣。当然，追求赞赏本身是没有什么过错的，任何人都渴望得到他人的认同。赞许能给我们一种美好的精神享受，使我们感受到被知音认同的欣慰。但是，当你把外界的赞许当做是一种必需，是追求的主要目标，而不仅仅是愿望时，你就步入了一个误区，对自己的正常人格会有很大障碍的误区。

一个人的自我价值往往不能由别人来证实，而首先要由自己来确认。要想愉快充实地展开你更丰富的人生，就必须有一个良好的自我意象陪伴着你，这样就不难成为自己所希望成为的那种人，从而在生活中充分展示自我。

对真、善、美的自信，对一个人愉快地接纳自己尤为重要。要想选择更为积极的自我形象，首先要学会自爱，这就要求必须要有健全的自尊心。你就是你自己，无须自我怀疑，自我摒弃。卡耐基这样告诉我们："发现你自己，你就是你。记住，地球上没有和你一样的人。在这个世界上，你是一处独特的存在，你只能以自己的方式歌唱，你只能以自己的方式绘画。你是你的经验、你的环境、你的遗传所造就的你，不论好坏与否，你只能耕耘自己的小园地；不论好坏与否，你只能在生命的乐章中奏出自己的音符。"愉快地接纳你自己，这是一个人生活美好的关键。

长期担任菲律宾外交部长的罗慕洛，他即使穿上鞋，身高也只有 1.63 米，然而他却从未因身材矮小而自惭形秽。他在一篇文章中不无自信地认为："一个人有没有用，和个子大小无关，反之，身材矮小可能真有好处。历史上许多伟大的人物都是矮子。贝多芬和纳尔逊都只有 1.63 米高，但是他们和只有 1.52 米高的英国诗人济慈及哲学大师康德相比，已经算高大的了。"这位当代国际舞

一生受益的至理名言

台上的名"矮人"，不仅坦然地接受了自己的身材，而且还充满自豪感地向世人宣告："我但愿生生世世都做矮人。"

有关研究表明，许多人的自我意象往往是根据童年时代的经验而不自觉地形成的。童年时期受人喜欢的孩子，从小就觉得自己是因为聪明漂亮才受别人赞赏的，因而他就尽力使自己的言行与这个自我意象一致，久而久之，它就变为真实的了。而那些从小就不得宠的孩子，总将自己和一些消极的行为联系在一起，于是与此有关的思想、观念等就潜移默化地进入了他的内心图像，成年之后许多人就真的形成了消极的自我意象。

既然自我意象是一个人能否愉快地接纳自己的关键，那么不健全的自我意象是否能够改变呢？心理学家的研究证明，它是能够改变的。一个人无论年龄大小，都可以有效地改变他的自我意象。这种自我改造首先要改变对自己的看法。

古希腊哲人达勒斯说过："知道自己。"而如何学会愉快地接纳最有价值、最有活力的人——你自己，则同样是人生的一大课题。

NO.69

宝贝放错了地方便是废物。

在广袤的草原上，一只小羚羊忧心忡忡地问老羚羊："这里一望无际，没遮没拦的，我们又没有锋利的牙齿，难道天生就要成为狮子、老虎的腹中之物不成？"老羚羊回答道："别担心，孩子，我们的确没有锋利的牙齿，而我们却拥有可以高速奔跑的腿。只要我们善于利用它，即使再锋利的牙齿，又能拿我们怎么样呢？"

世生万物，各有所长，鸟儿因其翅膀而翱翔天空，鱼儿因其善水而遨游江河，它们依靠自己独有的特长成为万物中的一员，在永恒的生存竞争中占得一席之地。假若它们抛弃自己的长处，就只能在生存机会的竞争中成为优胜劣汰的牺牲品。

人生的诀窍同样是要经营自己的长处。微软公司总裁比尔·盖茨的最高文凭是中学，因为大学没读完他就经营他的电脑公司去了。他是及早发现自己的长处，并果断去经营自己长处的人，他成为世界首富不足为奇。

在人生的坐标系里，一个人如果站错了位置来谋生的话，那是非常可怕的，他可能会在永久的卑微和失意中沉沦。因此，经营自己的一技之长相当重要，即使它不怎么高雅入流，但可能是你改变命运的一大财富。在选择职业时同样也是这个道理，你无须考虑这个能不能使你成名，你应该选择最能使人全力以赴的职业，应该选择最能使你的品格和长处得到发展的职业。这是因为经营自己的长处能给你的人生增值，经营自己的短处会使你的人生贬值。正如富兰克林所说的那样：宝贝放错了地方便是废物。

爱因斯坦生前曾收到以色列政府写给他的一封邀请信，信中邀请他去当以色列的总统。出乎人们意料的是，爱因斯坦拒绝了。他说："我整个一生都在

一生受益的至理名言

同客观物质打交道，因而既缺乏天生的才智，也缺乏经验来处理行政事务及公正地对待别人，所以，本人不适合如此高官重任。"

　　大文豪马克·吐温曾经几次投资经商，第一次他从事打字机的投资，因受人欺骗，赔进去19万美元；第二次办出版公司，因为外行，不懂经营，又赔了近10万美元。两次经商，不仅将自己多年用心血换来的稿费赔了个精光，还欠了一屁股债。马克·吐温的妻子深知丈夫没有经商的本事，却有文学上的天赋，便帮助他鼓起勇气，振作精神，重走创作之路。终于，马克·吐温很快摆脱了失败的痛苦，在文学创作上建立了辉煌的业绩。

　　美国诗人洛威尔说："做我们的天赋所不擅长的事情往往是徒劳无益的，在人类历史上因为做自己所不擅长的事情而导致理想破灭、一事无成的例子举不胜举。"除非你所有的才能都得到充分的发挥，你才会发现自己真正擅长的是什么。只有你的天赋与个性完全和手头的工作相协调，你才会干得得心应手。除非你爱自己的工作达到废寝忘食的地步，否则，你肯定还没有找到自己真正的兴趣所在。在某一段时间里，你也许不得不做一些不喜欢的事，并为此苦恼，但是，你要尽早使自己从这种状态下解脱出来。英国散文家托马斯·卡莱尔说："世界上最不幸的人要数那些说不清自己究竟想做什么的人。他们在这个世界上找不到适合他们干的事，简直无处容身。"

　　莫里哀和伏尔泰都是失败的律师，但前者成了杰出的文学家，后者成了伟大的启蒙思想家。卡莱尔说："发现自己天赋所在的人是幸运的，他不再需要其他的福佑。他有了自己命定的职业，也就有了一生的归宿；他找到了自己的目标，并将执著地追寻这一目标，奋力向前。"一个人如果能够根据自己的爱好去选择事业的目标，他的主动性将会得到充分发挥。即使是十分疲倦和辛劳，也总是兴致勃勃，心情愉快；即使困难重重也绝不灰心丧气，而是去想办法，百折不挠地去克服它。

　　大凡成功者，他们成功的关键都是掌握了自身的优势，并加倍强化这种优势，完全投入到自己所喜欢的项目之中，将这种富有特长的兴趣爱好发挥到极致。别总想着去"扮演"别人，不然你就会成为因羡慕飞而被老鹰带上天的那只乌龟，摔得四分五裂。你唯一需要做的事是认识自己，发现自身的优势，把它变成明天成功的基石。

NO.70

舌头往往是败事的祸根，不说什么，不做什么，不知道什么，也没有什么，就可以使你受用不了什么。

沙皇尼古拉一世刚刚登基不久，国内就爆发了一场由自由分子领导的叛乱，他们要求俄国现代化，希望俄国的工业和国内建设必须赶上欧洲的其他国家。尼古拉一世残忍地平定了这场叛乱，同时判处其中一名领袖李列耶夫死刑。

行刑的那一天，李列耶夫站在绞首台上，绞刑开始了，李列耶夫一阵挣扎之后绳索突然断裂了，他猛然摔落在地。在当时，类似这样的事件被当成是上天恩宠的征兆，犯人通常会得到赦免。李列耶夫站起身后确信自己保住了脑袋，他向着人群大喊："你们看，俄国的工业就是如此差劲，他们不懂得如何做好任何事，甚至连制造绳索也不会！"

一名信使立刻前往宫殿报告绞刑失败的消息，虽然懊恼于这突如其来的变化，尼古拉一世还是打算提笔签署赦免令。

"事情发生之后，李列耶夫有没有说什么？"沙皇询问信使。

"陛下，"信使回答，"他说俄国的工业如此差劲，他们甚至不懂得如何制造绳索。"

"这种情况下，"沙皇说，"让我们来证明事实与之相反吧！"于是他撕毁了赦免令。

第二天，李列耶夫再度被推上绞刑台。这一次绳索没有断。

我们在说话时应该经常考虑：为什么有的人常常被人误解呢？为什么有些人原意是要安慰别人，反而惹起别人的反感呢？为什么有些人原意是赞美别人，反而使人以为是讽刺呢？为什么有些人原意是要跟别人和好，反而会引起一场战争呢？产生上述情况的原因很多，最重要的一点是说话没有分寸感，可能是用字措辞方面缺乏分寸感，用了不恰当的词句，使对方产生误会，但更多的是说话的

171

表情和声调失去了分寸感。

有的人说话很有分寸感，不管在什么场合都是落落大方，该说的时候，说得充分，不该说的时候，一句话也不说。而有些人却不在乎，在说话的时候，从来不注意言语的分寸，也从来不知道自己所说的话，对方听了会作何感想，会有些什么反应。当他们一句话出口已经伤了别人的时候，自己还不知道，还不警觉，仍然照样说下去，直说到别人再也不能忍受，爆发出怒火。

你在说话的时候，你的语言、表情、声调等都会传达出某种意义，有时候用错一个字，用错一个词，或者用错一个声调，都会产生不良的效果，因此，说话时要特别注意掌握分寸。

掌握说话的分寸感，既不能过，也不能闭口不言，这同样是失去分寸感的表现。有些时候就需要你多说话，把话说得充分些。譬如在进行专题讨论，轮到你发言时，你就把所想的问题说出来好了，何必故作谦虚呢?假如别人在讽刺挖苦你，那你为什么不站出来反戈一击呢?假如别人误解了你，需要你出来为自己辩解，为什么还要缄默不语呢?

因此，该说的一定要千方百计说好，不该说的千万不要去说，要恰如其分。可能你要问了：那什么是该说的，什么是不该说的？这要根据说话的内容、场合、气氛及说话对象的情况而定。比方你对他谈起了有关隐私的事情，他的秘密唯恐人知，你偏在无意中说着他的隐私，言者无心，听者却会认为你是有意揭露他的隐私，定会恨你入骨，这是说话的第一忌。

朋友做的事，别有用心，他的用心，极力掩蔽，不使人知，如被人知道，对他必有不利。如果你素来熟悉他的用心，知之甚深，他虽不能断定你一定明白，终是对你十分疑惑，你处此困难境地，既无法对他表明一无所知，也无法表明绝不泄露，那你将何以自处呢?这是说话的第二忌。你唯一可行的办法，只有假作痴聋，绝口不提。

别人有图谋企图，你恰参与此事，代名决策，从乐观方面说，你是他的心腹，从悲观方面说，你是他的心腹之患，你虽谨守秘密，从不提及此事，不料别人猜得其情，而泄之于外，那么你是无法辩白泄露的嫌疑，这是说话的第三忌。无办法的办法，是只有多亲近他，表示绝无二心，同时设法查出泄露的人，

借以谋求为自己开脱。

别人对你还没有深刻的认识，没有十分信任，你偏力求讨好，对他说极深切的话。而对方听了你的话，却没有什么好结果，他一定疑心你是有意捉弄他，使他上当，这是说话的第四忌。所以你还是不说话的好。

别人有罪过，被你知道，你不惜直言相劝。他本觉内疚，唯恐人知，而你却去揭破，自然令他十分羞惭，则往往由惭愧而生愤恨，由愤恨而与你发生冲突，这是说话的第五忌。所以，你还是不说的好，即使劝告，也以婉转为宜。

如果你上司的成功是计出于你，你的上司会深恐好名誉被你抢去，心内自会惴惴不安，如果你这时到处宣扬自己的功劳，居功自傲，定会使你和上司的关系趋于紧张，这是说话的第六忌。你明白这种心理，就应逢人便说，极力表示这是上司的领导，是上司的远见，一点也不要透露你有什么能力，这才是上上之策。

别人能力做不到的事，你认为应该做，而强迫他必须去做。对于某件事，他正是箭在弦上，骑虎难下，而你认为不应该做，而他必须中止。你认为朋友哪一件事该做或不该做，在道义上，应该进言相劝，使他自己觉悟，自己去行动，自己去中止，这才是上策；万一他不愿接受你的劝告，你也只好相机而作，适可而止。遇事强求，徒伤感情，这是说话的第七忌。

总而言之，你要说话，先要看准对方，他是愿意和你说话的人吗，如果非其人，还是不说话为妙；这个时候，是你说话的时候吗，如果不是时候，还是不说话的好。说话的成功与失败，与时机有关系。多说话，未必当你是能干，少说话，未必当你是呆子，所以，为人处世最好还是谨言！

一生受益的至理名言

NO.71

有涵养的人善于从多话的人学到静默，从狭隘的人学到宽容，从残忍的人学到仁爱。

二战期间，比尔在重庆的一次"不看样品的拍卖"会上，对一个密封的大木箱喊了个价。箱子沉甸甸的，谁也不知道里面装的是什么。当比尔打开木箱时，周围发出了一片嗡嗡的议论声，有懊悔的，也有羡慕的。大木箱内装的是两箱威士忌酒，这在战争时期是极为珍贵的。英国领事馆的一个秘书出 30 美元向比尔买一瓶。还有人出更高的价，但比尔都一一回绝了。不久比尔将要被调走，正打算开一个大型的告别酒会。此时，欧内斯特·海明威到了重庆。"我听说你有两箱醉人的玩意儿，"海明威掏出一大卷美钞说，"给我 6 瓶，你要什么都行。"

"什么都行？"比尔想了一想说，"好吧，我用 6 瓶酒换你 6 堂课，教我如何成为一个作家。"

"这个价可够高的。"海明威说，"真见鬼，老兄，我可是花了好几年的功夫才学会干这一行的啊！"

"而我却有好几年在拍卖时上当受骗，这才交上好运。"

海明威做了个鬼脸说："成交了。"比尔递给他 6 瓶威士忌。接着的 5 天里，海明威给比尔上了 5 堂课。期间，他还喜欢开玩笑。比尔也不时地取笑他，特别是拿威士忌当笑料。"你知道，海明威先生，我在拍卖时投个机肯定是值得的。首先，我使那个拍卖商上了当，此外，我还震惊了那些太胆小不敢出价的顾客。而此刻，我用 6 瓶威士忌正在得到美国最出名的作家辛苦摸索到的从事写作的诀窍。"

海明威眨了眨眼说："你是个精明的生意人。我只是想知道，其余的酒你曾偷偷灌下了多少瓶？"

"我一瓶还没有打开呢，我要把每一滴都为我的大型酒会留着。"

"孩子，我想向你提一点我个人的忠告。千万不要迟疑去吻一个漂亮的姑娘或开一瓶威士忌酒。应尽快地去尝试一下。"

海明威因事要提前离开重庆。为了跟他学完最后一堂课，比尔陪他一起去机场。"我并没有忘记，"海明威说，"我这就给你上课。"

飞机的发动机已在轰鸣，他紧凑着比尔的耳朵说："比尔，你在描写别人以前，首先自己得成为一个有修养的人。为此，你必须做到两点：第一，要有同情心；第二，要能够以柔克刚。千万不要讥笑一个不幸的人。而当你自己不走运的时候，不要去硬拼，要随遇而安，然后去挽回败局。"

"我不明白，这对于一个作家有什么相干？"

"这对于你生活是至关重要的。"海明威一字一顿地说。搬运工人已在装行李了，海明威向飞机走去。在半道上，他转过身来喊道："朋友，你在为你的狂欢会发出请柬以前，最好把你的酒先抽样检查一下！"几分钟后，飞机已升上蓝天。比尔回到藏酒的地方，打开了一瓶，接着开了一瓶又一瓶，里面装的全是茶。原来，那个拍卖商还是把比尔给骗了。海明威当然在一开头就知道了实情，但他只字未提，也没有讥笑比尔，并且愉快地遵守了交易中他应承担的部分。此时，比尔才懂得了海明威教导他要做一个有修养的人的含义。

班杰明·富兰克林曾说："一个人应具备 25% 的职业技术，25% 的想象力，其余的 50%，就是自身的涵养。"富兰克林所谓的涵养，是指自己用来与社会配合发展的 3 种基本元素所构成的。那就是知识、行动与反省，使自己成为一个平衡的人。

因此，知识并不单指博学广闻，而是要能知、能行，且要能随机应变。约翰·基敦就曾说过："智慧的价值不在于知识的多寡，而是要有能力在新的情况下，以不同的、特殊的知识去适应它。"如果你只是满腹经纶，还不能算是有智慧的人，也不能算是有涵养的人。所以像从前那种故作博学、故作忙碌状的人，在今天不但无法获得众望，反而会被周围的人看成是没涵养的人。

涵养一词在其他方面而言，还包括价值观的多元化。但是这种价值观的多元化会造成副作用，也就是说自己为尊重别人的价值观而不介入别人的事情，

一生受益的至理名言

然后反过来也就不愿意别人干涉自己，而产生自我中心的个人主义。

当一个人的涵养建立在以自我为中心时，就好像特效药有副作用一样。当然，这种副作用如果用更深一层的涵养，还是可以除去的。只是世界上能更深一步地修养自己的人很少，所以大多数具有这种自我中心的副作用。而真正有很深涵养的人，是需要有克己的功夫与几分侠气的。一次，前民主德国柏林空军俱乐部举行盛宴招待空战英雄，一位年轻的士兵斟酒时不慎将酒泼到乌戴特将军的秃头上。顿时，士兵悚然，会场寂静，倒是这位将军轻抚士兵肩头，说："老弟，你以为这种治疗能再生头发吗？"全场立即爆发出了笑声，人们紧绷的心弦松弛下来了，盛宴依然保持着热烈欢乐的气氛。另一则故事讲的是英国王室为了招待印度当地居民的首领，在伦敦举行晚宴，身为"皇太子"的温莎公爵主持这次宴会。宴会快要结束时，侍者为每一位客人端来了洗手盘，印度客人们看到那精巧的银制器皿以为是喝的水呢，就端起来一饮而尽。作陪的英国贵族目瞪口呆。温莎公爵神色自若，一边与众人谈笑风生，一边也端起自己面前的洗手水，像客人那样"自然而得体"地一饮而尽。接着，大家也纷纷效仿，本来要造成的难堪与尴尬顷刻释放，宴会取得了预期的成功。

真正深厚的涵养，是有同情心并且能洞察别人的心思的。看到别人发怒时，便会设法去了解别人心里的寂寞与烦恼，并予以安慰。所以真正有涵养的人，一定能给别人良好的影响。他们心灵成熟，稳定，有诚意，有打动人心的力量。

生活是一门学问，做人需要一种智慧。生活的学问与涵养，是要经常静下来好好地思考事物，以及反省自己所走过的路的。尤其，前人的言行你要多加借鉴，把前人的经验与你自己的经验加以比较，以获取前人的经验和价值观，这有助于你去分析事物，决定事情。

涵养深厚的人，多半都是根据别人的人生经验与学问，加以消化吸收，而成为自己的涵养。接近这种人，会觉得如沐春风。

NO.72

记住应该记住的，忘记应该忘记的。

有位智者，和一个朋友结伴外出旅行。在行经一个山谷时，智者一不留神滑跌了，他的朋友拼尽了全身的力量拉他，不让他葬身谷底。智者得救后，执意要在石头上镌刻下这件事情。他的朋友问："伙计，你认为真的有这个必要吗？"智者说："当然。"于是，他在石头上刻下了这样的字样："某年某月某日，在经过某某山谷时，朋友某某救我一命。"他们继续自己的旅程。

有一天，在海边，两个人因为一点小事争吵了起来，朋友一怒之下，给了智者一个耳光。智者捂着发烧的脸颊，说："哼，我一定记下这件事！"他的朋友说："随你记，我才不怕！"于是，智者找来一根棍子，在退潮后的沙滩上写下了这样的字："某年某月某日，在某某海滩，朋友某某打了我一耳光。"朋友看过后，不解地问他："你为什么不刻到石头上呢？"智者笑了，说："我告诉石头的，都是我唯恐忘了的事，我要让石头替我记住；而我告诉沙滩的，都是我唯恐记住的事，我要让沙滩替我忘了——就这样。"

在这个世界上，究竟有多少事情是值得告诉石头的呢？

石头当然是好记性。告诉它的话，多少年多少代地记着，记得清清楚楚。告诉石头的话，要斟酌。可以将欢悦告诉它，可以将感激告诉它，让它为你看护着一份美好，不让它流失分毫。然而，请不要愚蠢地把怨恨、懊恼、忧伤、烦闷一股脑地告诉石头，石头握住你的情绪就不会轻易撒手。当你试图摆脱种种不快的时候，它会殷勤地带着你重温昨日的阴沉愁苦。它揪牢你，不让你做快乐的自己。

一生受益的至理名言

永远记住所有的快乐，忘掉所有的悲哀，这是一个青春常驻的秘诀。在生活中，我们经常会遇到一些麻烦，有时会令自己非常不高兴。这些也许是别人造成的，那你有没有把这些不顺心的记在心里，想着何时报这个仇？这种人是大有人在的，比如说，一个人不小心打烂了你的东西，你怀恨在心，想报仇，想骂他一顿，揍他一顿。这些事也时有发生。一些琐碎的东西，常常把它惦记在心上，何苦呢？这样会开心吗，愉快吗？富兰克林说过："乐观的人所注意的是顺利的际遇、谈话之中有趣的部分、精制的佳肴、美味的好酒、晴朗的天气等，同时尽情享乐；悲观的人所想的和所谈的只是坏的一面，因此他们永远感到怏怏不乐，他们的言论在社交场所大煞风景，个别的还得罪许多人，以致他们到处和人格格不入。"你愿意做一个与众人格格不入的人吗？

有时候朋友的伤害往往是无心的，而帮助却是真心的。很多时候我们却对那些芝麻大的伤害斤斤计较，对那些莫大的帮助视而不见，心里留下的也只有无穷的幽怨与烦闷。其实，只要我们忘记那些无心的伤害，铭记那些对你真心的帮助，就会发现在这世界上，我们有很多很多真心的朋友……

有这样一句话：一分钟可以认识一个人，一小时可以喜欢一个人，一天可以爱上一个人，但一辈子也忘不掉一个人。当你看到这里，你能感受到什么？在这漫长而又短暂的一生中，想找一个知音是多么的不容易啊！而在日常生活中，就算最好的朋友也会有摩擦，就算最亲近的人也会有误解，我们也许会因这些摩擦、误解而分开，但每当夜阑人静时，我们总会想起过去美好的回忆，才会觉得只有他最了解你的心，而此时已是我在天涯，他在海角了……

让我们对父母、师长、朋友心存一份感激吧！因为他们给予我们生命，让我们健康成长，一次次地牵扶，给我们教诲，让我们抛却愚昧，懂得思考，在人生的历程中实现自我，在孤寂无助时倾诉、依赖，看到希望和阳光。让我们深深感谢曾帮助过我们的人，是他们用暖暖的心灯让我们发现生命是如此丰厚而富有！

学那个智者的样子，将不值得铭记的事情统统交给沙滩吧！涨潮的时候，海水会卷走那些不快，伴随着新一轮朝阳诞生的，是你无忧的笑脸无瑕的心。让我们心存感激吧！让那些琐碎的小事一下子变得无比亲切起来。心存感激，知足惜福。我们每个人都应该告诉自己，在人生的路上永远——心存感激！

NO.73

你有不快乐的权利，也有让自己重拾快乐的义务。

电影《美国心·玫瑰情》中的一幕戏，描述一位从事房地产中介生意的女强人，她曾经上了许多自我激励的课程，每天出门工作前，开车上路途中，她都不断自我暗示："这会是美好的一天！我今天绝对可以成交！"

她终于到了当天要中介的房子里，认真积极地打扫，一边做事还一边激励自己。的确，好运会降临在乐观的人身上。一天之内，她没有独守空房，有几个客户来看过房子。

面对这些东挑西拣的客户，她针对他们的疑点一一详细解说，以委婉的方式反驳，并且巧妙地掩饰她在广告中夸大其词的说法（这可能是她最大的败笔）。认真的女人最美丽。没错！但这位外表打扮得非常美丽的女人，当天并没有顺利把房子卖出去。夕阳西下，疲累的她感到相当绝望，悲伤得不能自已，蹲在地上痛哭失声。从她凄厉的哭声里，我们看见她真正的美丽。那是放下强颜欢笑的武装、卸下志在必得的压力之后，回归真实纯净的自我，流露人性中最柔软、最真实的一面。

如果，你尽了一切努力，结果仍不尽如人意，你的确有不快乐的权利。也许，努力的过程中，方法不对，技巧有待改进，没关系，痛哭一场之后，可以重新开始！

容许自己不快乐，是释放压力的方式之一。当然，你不要让自己长期处于不快乐的状态，那并不健康。但是，逼自己永远表现很得快乐的样子，同样有害身心。

暂时的不快乐，是人生中常有的过渡期。毕竟，我们都在过日子，没有人

一生受益的至理名言

是天天过年的。情绪的潮起潮落，运气的时好时坏，都是很自然的事。

不快乐的原因，也许和你的体力有关，也许和你的工作进度有关，或是你在感情生活中有挫折，或来自人际关系的危机。总之，不快乐一定有不快乐的原因，但你必须先发现不快乐、承认不快乐，才能进一步找出可以对症下药的解决方式。

有时候，你会发现没什么特别的负面因素导致不快乐，那很可能只是因为长期疲劳的关系。至少，你因此而知道必须安排假期出去走走了。

能够感觉自己不快乐，是很聪明的自我察觉。比起那些终日麻木不仁，搞不清楚自己心情状态的人，要好得多。还有另一种人，明明知道自己不快乐，却强装快乐。偏偏，不快乐是一种气味，走近的人，都会闻得出来。除非，那个人迟钝到近乎鼻塞。

适度强颜欢笑，固然是一种礼貌。为了不影响别人的情绪，我们的确不必大力声张："我现在不快乐。"但若是一年 365 天、一天 24 小时，都不肯停止笑容，脸上的线条必定很僵硬，反而给人"皮笑肉不笑"的错觉，造成不诚恳的印象，产生人际关系的疏离感。

你有不快乐的权利。接受自己不快乐的事实，才能避免把自己的不快乐当做攻击别人的武器。发现自己不快乐的时候，不妨休息一下，容许自己发个呆、少做一点事，等情绪调整过来，重新出发。如果，有特殊情况，必须暂时隐藏不快乐的情绪，但愿你不必撑得太久。可能的话，你不妨告诉身边值得信任的人，此刻的你并不快乐，请他帮忙分担一下可能必须应付的场面。

我们都见过长年都处于不快乐情绪中的人。他们怨天怨地，没一件事看得顺眼。想帮他的忙时，他又说："其实我很好！这不关你的事。"或："你怎么做都没用，我就是开心不起来。"其实，一个人的不快乐，多半是自己造成的。有一句话说：世界上能让你不快乐的人，只有你自己。说得真有道理。往另一个方向思考，道理也一样。世界上能让你重拾快乐的，也唯有你自己。

请你一定要记得：你有不快乐的权利，也有让自己重拾快乐的义务。

NO.74

如果我们做出所有我们能做的事情，我们毫无疑问地会使自己大吃一惊。

二战期间，一艘美国驱逐舰停泊在某国的港湾，那天晚上万里无云，明月高照，一片宁静。一名士兵例行巡视全舰，突然他看到一个乌黑的大东西在不远的水上浮动着。他惊骇地看出那是一枚触发水雷，可能是从一处雷区脱离出来的，正随着退潮慢慢向着舰身中央漂来。他立即将情况通知了舰长，此时舰长和舰上的全体官兵都愕然地注视着那枚慢慢漂近的水雷，大家都了解眼前的状况：灾难即将来临。军官立刻提出各种办法。他们该起锚走吗？不行，没有足够的时间；发动引擎使水雷漂离开？不行，因为螺旋桨转动只会使水雷更快地漂向舰身；以枪炮引发水雷？也不行，因为那枚水雷太接近舰里面的弹药库。那么该怎么办呢？放下一只小艇，用一根长竿把水雷携走？这也不行，因为那是一枚触发水雷，同时也没有时间卸除水雷的雷管。悲剧似乎是没有办法避免了。突然，一名水兵想出了比所有军官所能想到的更好的办法。"把消防水管拿来。"他大喊着。大家立刻明白这个办法有道理。他们向舰艇和水雷之间的海上喷水，制造一条水流，把水雷带向远方，然后再用舰炮引炸了水雷。

这位水兵真是了不起，但是他只是个凡人。不过他却具有在危机状况下冷静而正确思考的能力。我们每一个人的身体内部都有这种天赋的能力。也就是说，我们每一个人都有创造的潜能。不论有什么样的困难或危机影响到你的状况，只要你认为你行，你就能够处理和解决这些困难或危机。

一个人若能发挥他所有的潜能，那么他一定会使自己惊奇。可我们时常都这么认为，我只是一个人，而且是个平凡的人。因此，我从来没有期望过自己能做出什么了不起的事来。或许这正是问题的所在——你从来没有期望过自己能

一生受益的至理名言

够做出什么了不起的事来。这是实情，而且这是严重的事实，那就是我们只把自己钉在我们自我期望的范围以内。

换句话说，也就是我们在默认自己不能做任何有创意的事，不敢面对自己真正的渴望。当有人问起你有什么梦想时，我们甚至不会把最想实现的东西说出来，只是把一些轻易能变成现实的说出来搪塞。但现在不能实现的，并不代表将来不能实现，只是我们默认成将来也不会实现，那么我们便永远也实现不了。为什么我们总盯着这个可厌的现实呢？难道让它这样继续左右我们吗？为什么不能创造更诗意的人生呢？相信自己能，然后去试试，人生不是这样的吗？人生是一个冒险，人生是一种试验。为什么不试着看自己的人生究竟能有多伟大呢？不要只羡慕别人的神奇，也该让自己惊奇一下。大多数人命里注定不能成为爱因斯坦，但只要发挥了足够的潜能，任何一个平凡的人都可以成就一番惊天动地的伟业，都可以成为一个新的"爱因斯坦"。

爱迪生曾经说："如果我们做出所有我们能做的事情，我们毫无疑问地会使我们自己大吃一惊。"从这句话中，我们可以提出一个相当科学的问题："你一生有没有使自己惊奇过？"我们中有很多人给自己套上限制，我们在一生中不会超过父母，我们反应迟钝，我们缺乏别人拥有的潜能和精力。那么无疑我们就承认我们实现不了一些目标。你可能一直认为你现在的一切都是命中注定的，现实的一切不可超越，不管你持有此观点的时间多长，你都是错的。你可以通过改变自己的态度和习惯来改进自己的生活。我们中的许多人应更为成功，但我们在生活中失去很多，因为我们会安于现状，这比我们能取得的一切少得多。不论有什么样的困难或危机影响到你的状况，只要你认为你行，你就能够处理和解决这些困难或危机。对你的能力抱着肯定的想法就能发挥出你的潜能，并且因而产生有效的行动。

换句话说，让挑战提高你的战斗精神。没有充足的战斗精神，你就不可能有任何的成就。因此你只要能发挥战斗精神，它就会引出你内部的力量而把它付诸行动。

NO.75

人心就像一本存折，只有打开来才知道到底有多少收益。

　　一个夏天，金小姐从台湾去美国芝加哥参加一个家用产品展览会。午餐就在快餐厅里自行解决，当时人很多，金小姐刚坐下，就有人用日语问："我可以坐在这里吗？"她抬头一看，一位长者正端着饭站在面前。她忙指着对面的位子说："请坐。"她接着起身去拿刀、叉、纸巾这类的东西，担心老人家找不到，便帮他也拿了一份。一顿快餐很快就吃完了，老人临走时递来一张名片，说："如果以后有需要，请与我联络。"金小姐一看，原来老人是日本一家大公司的社长。

　　一年以后，金小姐自己注册了一家小公司。生意做了不到一年，客户突然不做了，而这时，新一年的生产计划已经定了，连样品都做好了，更何况，这是她唯一的客户！怎么办？真的一起步就要破产吗？她忽然想起那位日本老人来，就抱着一线希望去了一封简单的信说，不知您是否还记得我，我现在自己开了一家小公司，如果您来台湾希望能来看一看。信发出后一个星期，她就收到了回信，老人说即日启程来台湾。两天后，他真的来了，还带来了六七个公司职员。他们拿出样品让她试加工，在肯定了产品和质量之后，当场下了足够金小姐做一年的大订单。金小姐惊喜地问："您在台湾有很多大客户，而我这里只是个小公司，您真的信得过我吗？"老人从皮箱里拿出一本书来，名字叫做《人心的贮存》，然后说："当初你在芝加哥给我小小的帮助时，你并没有想到会有这样的回报。就像我在书中所写的：'人心就像一本存折，只有打开来才知道到底有多少收益。'每本心的存折正是用一点一滴的善去积累的。"

　　我们每个人都有过存折，拥有存折就是把一部分收入储存起来，以便在需要的时候取出来消费它。谁都能说出自己在银行的存折数目，可哪一个人又能

一生受益的至理名言

说清楚自己拥有多少感情存折呢?

感情存折是幸福时刻制成的拷贝,它储存在大脑特定的车间内;感情存折是舒畅时流淌的一支乐曲,它收录在生命的磁带里;感情存折是打开心灵的又一扇窗口;感情存折是人一生的财富。双亲含辛茹苦的抚育,手足患难与共的衷肠,恋人生生死死的承诺,朋友肝胆相照的忠诚,饥饿时的一碗粥汤,困惑时的一个电话,这些都是比金子还珍贵的储蓄。

感情存折不是单一的,这一面写着需求,那一面写着奉献;感情存折并不是与银行存折同步,世界上有许多金钱买不到的东西;感情存折也不与地位、名誉成正比,它更青睐那些淡泊名利的人;感情存折是滋养精、气、神的维生素,它使我们的内心世界丰满、圆润、充溢,像春天绿茵茵的草地一样沁人肺腑。

寒冷的季节,它是徐徐燃烧的一盘炭火,暖暖地烘烤着颤抖的心房;愁绪的夜晚,它是节日丰收的锣鼓,驱赶着难言的寂寞与孤独;退缩的时候,它是一只美丽的魔棒,鞭策着你努力攀登人生的又一风景;辉煌的时候,它是一位心心相印的情人,悄悄地分享着你的成功与喜悦。

支取感情存折时,你没有一种负债感,因为那本来就属于你。享受感情存折时,坦诚自然,你觉得自己是一个富有的人。有的感情存折,你也许一生都不会动用它,但是你拥有;有的感情存折,你一生都在运用,越用越多。

你为什么热爱这个世界?因为这个世界上有那么多你爱的人;你为什么热爱人生?因为人生有那么多你愿意干的事。从某种意义上来说,从未支取感情存折也许是你最珍贵的一页,所以你把它珍藏并不断地储存它。心是一本存折,把爱储蓄在需要它的地方。滴水汇成江河,寸土堆积成山,到某一天,你打开心房,会发现,两手空空,但你却并不贫穷,因为心的存折里已有你一笔不菲的财富。

NO.76

放弃是一种智慧，缺点是一种恩惠。

有个食客千里迢迢拜见孟尝君，孟尝君问他："先生远辱，何以教文？"他淡淡地答道："我没有什么本事，是因为贫穷，到您这里来，为的是有口饭吃。"此人就是弹铗而歌的冯谖，在历史上很有名气。他究竟有些什么能耐呢？据说冯谖归附孟尝君之后，并没有什么作为。孟尝君在一个叫薛的地方放了很多贷款，但收不到利息，他认为冯谖没有什么特长，不如派他去收收息钱，反正收不到也无关紧要。没想到冯谖去了之后，又是买酒又是买牛，把薛地的百姓召集到一起，又是喝酒又是吃肉，一面把那些还不起本息的借据当众烧掉，还说这是孟尝君的意思。百姓们非常感激。孟尝君却很不高兴，把冯谖喊回去责备了一顿。当时孟尝君是齐国的宰相，后来他被齐王疏远罢免，经过薛地时，百姓们置酒置肉，欢声雷动，夹道欢迎，孟尝君十分感动。这才认识到了冯谖烧毁借据，目的是为了让他赢得民心。孟尝君三千食客里面，只有这个冯谖，一直被史学家和文学家们传唱。其实，他最大的本事就是懂得放弃，而且也教会孟尝君放弃。

在生活中，我们最愚蠢的行为就是太执著于自己的东西，把自己的东西捏着不放，不愿意放弃。结果你越是捏着不放，别人就越不会把他的东西和你一起分享。没有放弃就没有得到，这是再明白不过的道理。当你拥有 6 个苹果的时候，千万不要把它们都吃掉，因为你把 6 个苹果全都吃掉，你也只吃到了 6 个苹果，只吃到了一种味道，那就是苹果的味道。如果你把 6 个苹果中的 5 个拿出来给别人吃，尽管表面上你丢了 5 个苹果，但实际上你却得到了其他 5 个人的友情和好感。以后你还能得到更多，当别人有了别的水果的时候，也一定会和你分享，你会从这个人手里得到一个橘子，那个人手里得到一个梨，最后

185

你可能就得到了 6 种不同的水果，6 种不同的味道，6 种不同的颜色，5 个人的友谊。人一定要学会用你拥有的东西去换取对你来说更加重要和丰富的东西。在人与人之间学会交换和分享，这个收获百倍于你一个人把 6 个苹果吃掉的收获。这是因为你放弃了 5 个苹果而获得的。

人生要学会放弃，如果什么都舍不得放弃，那我们就会背负很多很多的东西，重到我们无法去承载，从而影响了我们前进的脚步。人生的旅途中还会有更多更好的东西等着我们去采摘。如果你不丢弃一些东西你就无法得到更好的东西，如果只是为了怕万一将来需要而保留或追求某些东西，看似目光长远，事实上是鼠目寸光。人生，学会放弃远比学会追求更为重要。

学会放弃，是一种人生哲学；敢于放弃，是一种生存魄力，更是一种良好心态。正所谓：有所弃，才有所为；有所为，才有所不为。

我们有所求，是因为我们并不完美，如果我们是完美的，我们就没有了发展的空间。一生下来就什么都有了，这人还有什么活头？做人最大的乐趣就在于通过奋斗去获得我们想要的东西。所以有缺点意味着我们可以进一步完美，有匮乏之处意味着我们可以进一步努力。因此，缺点是一种恩惠。在美国，一位富翁给后代留下了用不尽的遗产，结果他的后代全都变成了吸毒的、自杀的、进监狱的，或者精神病患者。为什么会这样呢？因为这位富翁给自己后代留下的钱太多了，以致他们不需要劳动就可以继承一大笔财产。继承一大笔财富，就几乎什么都能买到。大家都知道钱的作用在于能买到物质世界里你所需要的全部东西，但唯一买不到的就是你心灵的充实、别人的友情以及你真诚的爱情。由于这些都是买不到的，所以你越有钱，心灵就越空虚，你就会极力用钱来填补自己的空虚，最后没有办法了就只能以吸毒来代替，使自己进入一个虚幻的世界。所以，当一个人什么都不缺的时候，他的生存空间就被剥夺掉了。如果我们每天早上醒过来，感到自己今天缺点什么，感到自己还需要更加完美，感到自己还有追求，那是一件多么值得高兴的事情啊！

NO.77

人应尊敬他自己，并应自视能配得上最高尚的东西。

某纽约商人看到一个衣衫褴褛的铅笔推销员，顿生一股怜悯之情。他把1元钱丢进卖铅笔人的怀中，就走开了。但他又忽然觉得这样做不妥，就连忙返回，从卖铅笔人那里取出几枝铅笔，并抱歉地解释说自己忘记取笔了，希望不要介意。最后他说："你跟我都是商人，你有东西要卖，而且上面有标价。"

几个月过后，在一个社交场合上，一位穿着整齐的推销商迎上这位纽约商人，并自我介绍："你可能已经忘记了我，我也不知道你的名字，但我永远忘不了你，你就是那个重新给了我自尊的人。我一直觉得自己是个推销铅笔的乞丐，直到你跑来告诉我我是一个商人为止。"

生活就像一盘棋，每走一步都会遇到一份艰辛，每前进一步都必须充满热情，而自卑、自负、自尊、自强便像人生路上的一个个音符，演奏着人生的乐章。

对于人生，人们总幻想着一帆风顺，然而大千世界里既有风和日丽、鸟语花香，也有震天动地、荆棘野兽。见到前者是幸运的，遇到后者是不幸的。于是，人生的大舞台上自卑者屡见不鲜，自负者也不乏其人。

自卑的人永远是怯懦的，他总想为自己找一个避风港，总是羡慕那些成功者，眼红他们有良好的机遇并得到了成功的喜悦。其实，你错了!成功者不是上帝的宠儿，他们最后的欢乐不代表往日的轻松，他们欣喜的表情不能掩饰往日的艰辛。他们之所以成功是因为他们自信，他们能够带着这份自信，巧妙地抓住难得的机遇，勇敢地去开创一个新的境地。

然而从哪儿来这份与生俱来的勇气？绝不是自负，自负就是自以为是，永

一生受益的至理名言

187

远带着"傲"。殊不知，自负者是盲目的乐观主义者。有人说："自负，像一个泥潭，陷进去了就难以自拔。"的确，自负者是很"恋旧"的，他们经常沉湎于往日极少的胜利之中，故而不听他人的意见，最终使自负成为自己人生的绊脚石。让我们翻开历史的书卷，让历史重现：项羽因自负而垓下惨败；关公因自负而失荆州；拿破仑因自负而被囚爱尔巴岛……

自负是自卑的对立面，但却有着共同的思想根源，即不能正确、客观地估量和评价自己。曾有一幅画：两只形状、大小相等的动物，分别走到凸凹的哈哈镜前，凸镜前的动物看到自己变大了，便得意洋洋；凹镜前的动物见自己如此渺小，便垂头丧气，这不正是自卑与自负的真实写照吗？自卑与自负均是人的畸形心态。这种不正确的心态，阻止着今后的成功，成为失败的伴随者。那么怎么才能成功呢？必须具备自尊和自强。人，皆有自尊；人，皆需自尊。毕达哥拉斯说过："无论是在别人眼前或者自己单独的时候，都不要做一点卑劣的事——最要紧的是自尊。"的确，自尊犹如一个膨胀的气球，戳上一针就会爆炸；自尊犹如一面旗帜，凌驾于人们的生活、工作、感情之上；自尊犹如人生杠杆上的一个重要支点，赋予生命意义。命运并不像人们想象中的那么神秘，它只是人生过程中的一定境遇。有人说："它既是偶然性和必然性的统一，是客观的、可知的；它又是主观和客观的统一，是可以把握的、可以改变的。"也许我们很难领会它的含义，但我们都懂得"人能主宰自己的命运"。不是吗？培根曾说过："人人都可以成为自己命运的建筑师。"

当我们面对前进路上的荆棘，不要畏缩，因为通往云端的路只会亲吻攀登者的足迹；当我们面对人生路上的挫折，不要灰心，因为试飞的雏鹰也许会摔下一百次，但肯定会在第一百零一次试飞时冲入蓝天。做一个自强者吧！无论在什么困难跟前都不要屈服；做一个自强者吧！正确地认识、估量自身的价值，不可以看轻自己；做一个自强者吧！自信而不自负，能用他人的长处不断充实自己；做一个自强者吧！始终以顽强的斗志生活着、奋斗着。

 NO.78

一个人的真正伟大之处就在于他能够认识到自己的渺小。

　　从前有一只蚂蚁，它力气很大，开天辟地以来，像这样的蚂蚁大力士还不曾有过，它能够毫不费力地背上两颗麦粒。若论勇敢，它的勇气也是前所未有的：它能像老虎钳似的一口咬住蛆虫，而且常常单枪匹马地和一只蜘蛛作战。它不久就在蚁穴之内声名大噪，蚂蚁们的话题几乎都离不了这位大力士。

　　后来，这只蚂蚁大力士的头脑里塞满了颂扬的话，因此它一心想到城市里一显身手，到城市里博得大力士的名声。有一天，它爬上最大的干草车，坐在赶车人的身旁，像个大王似的进城去了。

　　然而，满腔热情的蚂蚁大力士在城里碰了一鼻子的灰！它以为人们会从四面八方赶来，可是不然！它发觉大家根本不理会它：城里人个个忙着自己的事情。蚂蚁大力士找到一片树叶，在地上把树叶拖呀拖的，它机灵地翻筋斗，敏捷地跳跃，可是没有人瞧，也没有人注意。所以，当它尽其所能地耍过了武艺却无人关注后，便怨天尤人地说道："我觉得城里人都是糊涂和盲目的，难道是我不可理喻吗?我表现了种种武艺，怎么没有人给我以应得的重视呢?如果你上我们这儿来，我想你就会知道，我在全蚁穴是赫赫有名的。"

　　自豪——一旦它与骄狂、偏见及狭隘同行，一旦它与同情、谦逊及友谊分手，就成了一种消极的品质。这种虚幻的自豪感是傲慢和无知——对创造性生活的无知，对朴实、谦恭和果敢的无知。正如那只自以为是的蚂蚁，它从来没有意识到，一只蚂蚁再有力量，它的名声也仅仅限于蚁穴的范围而已。

　　妄自尊大的悲剧在于它阻止人们达到完美和正直的高度。试问，你能在妄自尊大的同时怀有真正的自尊吗？不能！你能在妄自尊大的同时拥有对他人的理解吗？也不能！真正的自豪感来自于对自己的理解，这是一种由成功和谦恭结合而成的幸福。虚心，能使自己保持头脑的冷静和思索的敏锐，最大限度地了解困难和不利条件，为整体成功创造有利因素。虚心，能使自己具有涵养和修养，为顺利打通成功之路创造条件。虚心，能使自己具备丰富的知识，保持不断进取的坚韧精神。虚心是在坚信自己力量的同时表现出的宽广胸怀。虚怀若谷的人，往往是知识渊博、成功系数最大的人。因此，虚心是成功的第一块基石。虚心，唯有真正的虚心，才是成功的条件。表面上的谦虚，受制于环境的虚心，这是无济于成功的。所以，虚心的同时还要适时地表现出不比别人聪明。

一个人不可无锋芒。没有锋芒就是碌碌无为的人，恰当地展示锋芒，既是必要，也是应当。但人更不可无韬晦，不分场合，不分对象地展示锋芒。一个人的锋芒可以刺伤别人，也可能刺伤自己。

葛拉西安曾说："抛头露面太多的人，不是被人嫉妒，就是惹人厌烦；知名有时会导致敌对。他们的杰出，只会造成障碍，一如路中央突出的砖块害人绊倒。名声如易碎的玻璃，宜知收敛，最好保护于谦逊之中。"

英国19世纪政治家查士德·斐尔爵士对他的儿子说："要比别人聪明——如果可能的话，却不要告诉人家你比他聪明。"苏格拉底在雅典一再告诫他的门徒："你只知道一件事，那就是你一无所知。"孔夫子也说："人不知而不愠，不亦君子乎！"

这些话，有一个共同的意思就是你即使身怀绝技，也不要太出风头，要藏而不露，大智若愚。所谓虚心，就是能够自觉修正错误，敢于接受真理。哪怕这种真理自己很陌生。因为真理之光毕竟能照亮前进的道路。孜孜以求成功的人，在虚心中接受真理，就意味着成功。

 # NO.79

让你疲惫不堪的，往往不是眼前的一座山，而是你鞋里的一粒沙。

在克尼斯纳，一个老伐木工正在给洛克解释如何伐树。他指出，要是不知道哪棵树砍了会倒在哪里，就不要去砍它。"树总是朝支撑少的那一方倒下，所以你如果想使树朝哪个方向倒下，只要削减那一方的支撑力便成了。"他说。洛克半信半疑——稍有差错，我们就可能一边损坏一幢昂贵的小屋，另一边损坏一幢砖砌车库。

洛克满心焦虑，在两幢建筑物中间的地上画一条线。那时还没有链锯，伐树主要是靠腕劲和技巧。老伐木工朝双手啐了一下，挥起斧头，向那棵巨松树身底处一米多的地方砍去。他的年纪看来已六十开外，但臂力十足。

约半个小时后，那棵树果然不偏不倚地倒在线上，树梢离房子很远。洛克恭贺他砍伐如此准确。他有点惊讶，但没说什么。不到一个下午，他已将那棵树伐成一堆整齐的圆木，又把树枝劈成柴薪。洛克告诉他绝对不会忘记他的砍树心得。

老伐木工举起斧头扛在肩上，正要转身离去，却突然说："我们运气好，没有风。永远要提防风。"老伐木工的言外之意，洛克在数年后接到关于一个心脏移植病人的验尸报告时才忽然明白。那次手术想象不到地顺利，病人的复原情况也极好。然而，忽然间一切都出现了不正常，病人死掉了。验尸报告指出病人腿部有一处微伤，伤口感染了肺，导致整个肺丧失机能。那个老伐木工的脸蓦地在洛克脑海中浮现。他的声音也响起来："永远要提防风。"简单的事情，基本的道理，需要智慧才能了解。那个病人的死，惨痛地提醒我们功亏一篑这个道理。纵使那个伤口对健康的人无关痛痒，但却夺走了那个病人的命。

老子说：天下难事，必做于易；天下大事，必做于细。这句话给我们阐述

一生受益的至理名言

了细节的重要性。它告诉我们想成大事者，就必须从身边的小事、细节做起。生活中无论做人、处事、管理乃至生意交易，无处不体现了细节的重要性。"海不择细流，故能成其大，山不拒细壤，故能就其高"正是这个道理。

何为细节？何为大事？也许我们每个人眼中对此都有着不同的诠释。我们都有满腔热血大干一番事业的雄心壮志。可是，到了现实生活中，多少人只是空有一腔热情，没能抓住身边的细小情节，没有笑到最后，没有享受成功的乐趣。或许他们眼中，只有男人不拘小节；只有大丈夫当扫天下，何必在意小事乎。古时候的箴言"一屋不扫，何以扫天下"就是告诫我们：生活无小事。即使细小的、哪怕微乎其微，也是不可忽略的。西方有名言"罗马不是一天能够建成的"，而我们中国也有句谚语"使你失败的是鞋底里面的一粒沙"。

密斯·凡·德罗是20世纪世界四位最伟大的建筑师之一，在被要求用一句最概括的话来描述他成功的原因时，他只说了5个字——魔鬼在细节。他反复强调的是，不管你的建筑设计方案如何恢弘大气，如果对细节的把握不到位，就不能称之为一件好作品。细节的准确生动可以成就一件伟大的作品，细节的疏忽也会毁坏一个宏伟的规划。

勿以善小而不为，勿以恶小而为之；细节就像人的细胞一样，虽小却举足轻重。我们应从细节中见真知，从细节中寻求人生成功的突破口。细节的重要性，被太多人忽视了，人们总是眼高手低，不善于从小事入手、从细微处做起，以至于让自己每天能做的一切都是大而不实的空架子，毫无疑问，这种忽视细节的行为是成功的天敌。细节决定人生的成败。一个小小的错误往往就会延误大事，注重细节就会成就大事。成功人士区别于平庸之人的一大特征就是能抓住稍纵即逝的机会。大凡失败的人做事都是好高骛远，不切实际地想一口吃个胖子，做大自己。他们过高地估计自己的才智，不屑从细小事情做起，往往经不起风吹雨打而轰然倒塌。谁忽视了细节，谁就不可能取得非凡的人生；谁在细节上下了真功夫，用了真心，那么谁就会赢得成功的人生！

反思我们的生活，往往会萌生这样的感受：决定我们人生走向的其实不是那些轰轰烈烈的大事件。因为我等凡夫俗子一生中难得有惊天动地的壮举，更多的是那些丝丝缕缕的细节，深刻地影响着我们的生活，改变着我们的命运。

　　小事成就大事，细节成就完美。成也细节，败也细节。生活中我们就是因为这些小小的不经意，错失了一次次成功的机会。而那些注意抓住细节、细心为人处世的人，却往往会获得不经意的成功。

　　相反，那些对琐事不屑一顾，处理问题时消极懈怠的人，鲜有成功者。这类人往往好高骛远，眼高手低。成功对他们来说就是等待一个天上掉馅饼的机会。其实更让人痛惜的是另一种人，他们平时勤勤恳恳地工作，并且卓有成效，成功已经指日可待，可就是因为一时的疏忽麻痹而与几乎已经唾手可得的成功失之交臂。"千里之堤，溃于蚁穴"，就因为一次失误，从前所做的种种努力都付之东流。有这样一个故事：一位勇者发誓要排除万难攀登一座高峰。在众人期待的目光中，他出发了。然而，他却没能不负众望实现理想，他放弃了。出人意料的是，使他放弃的原因只是鞋中的一粒沙。在长途跋涉中，恶劣的气候没有使他退缩，陡峭的山势没能阻碍他前行，难耐的孤寂没有动摇他坚定的信念，疲惫与饥寒没有使他畏惧。不知何时他的鞋里落入一粒沙，起初他并没在意，他原本有时间和机会把那粒沙从鞋里倒出来的，可是在我们的勇士眼中，它实在是太微不足道了。的确，比起勇士所遇到的其他困难，那粒沙的存在简直可以忽略不计。然而越走下去那粒沙越是磨脚，终于每走一步都伴随着锥心刺骨的疼痛，他终于意识到这粒沙的危害，他停下脚步，准备清除沙粒，但是却惊异地发现，脚已经被磨出了血泡，沙被清除出去了，可是伤口却因感染而化脓。最后，除了放弃他别无选择。

　　不要轻视你身边的任何一件小事，即便是再简单不过的工作，也要把它做到完美、极致，别让一粒沙成为你成功的阻碍。只有深入到细节中去，才能从细节中获得回报。细节是一种创造，细节是一种动力，细节表现修养，细节深含艺术，细节隐藏商机，细节凝结效率，细节产生效益，细节带来成功。

一生受益的至理名言

193

NO.80

如无必要，勿增实体。

有个打鱼的人，他每天只打一尾鱼，那尾鱼刚好可以换他一天的食物、水和烟。然后他就躺在沙滩上晒太阳，望着蓝天白云抽烟，悠闲自在。这时来了一个商人，对他说："老兄，我觉得你应该打更多的鱼，然后把它们卖掉，等攒够一定数量的钱后就买一艘船，再开着船到处做买卖……""然后呢？"那人问商人。"然后就能赚很多很多的钱，就可以每天到海边晒太阳、听海……""可是我现在不正在晒太阳、听海吗？"那人回答说。

简单应该成为我们每一个人生活的准则。因为在人生道路上，唯有奉行简单的准则，才有可能避免误入阻碍我们成熟的岔路，陷入歧途。

就目前的潮流来看，无论是人际关系、社会结构或家庭关系，都同样有复杂化的趋势。然而，人们又不约而同地用一种简化的公式来处理这些关系。所以用"简单"的态度来处理事务，不仅能得到事半功倍的效果，同时也能将生活带入一种节奏明快的韵律之中。

其实，使事物变得复杂是很容易的，但若想将事物简化成有条不紊的情况就要动动脑筋了！把复杂的问题看得很简单，把简单的问题看得很复杂，这两者谁笨？有一个朋友几乎没有考虑就回答说，两个人都笨得厉害，因为简单的问题就应该看得简单，复杂的问题就应该看得复杂。

《堂吉诃德》里有一个片段：桑丘问表弟世界上第一个翻跟头的是谁？表弟回答说这个问题我一时回答不上，等我以后回书房去翻翻书，考证一番，下次见面，再把答案告诉你吧！桑丘过了一会儿对他说，刚刚问的这个问题，我现在已经想到答案了。世界上第一个翻跟斗的是魔鬼，因为他从天上摔下来，

就一直翻着跟斗，跌到了地狱。

看到这里你也许会忍俊不禁，原因是桑丘的回答非常简单，但它也包含着一种极其朴素的智慧，正如他的主人表扬他说："桑丘，你说出来的话，往往超过你的智慧呢！"有些人煞费苦心，进行考证，但得出的结论往往既不能增长见识，也不能增添常识，真是毫无意义。

其实生活、学习、工作中的很多事情都很简单，大可不必费九牛二虎之力去伤透脑筋，人生、爱情、理想也是如此。只不过有的时候人们走了太多太远太辛苦的路，却意识不到有些路是根本就不必走的。有些人是看到别人走，自己也就拼命地赶路，认为在走了很多辛苦路之后就会有天堂，可是谁知道天堂就在他原来所在的地方，就在他一路行走的过程中，或者根本就没有什么天堂。

可见世界上没有复杂的事情，只有复杂的心灵和黑洞般没有边际不知深浅的欲望。这就像一棵树，细看来是许多的枝，再看是无数的叶，再看，是数不清的细胞。其实，它只是一棵树，一棵树而已。一切问题都是可以化为简单的，正如计算机里所有问题都只有两个答案：是或者不是。

简单是一种积极、乐观、向上的生活态度。对就对了，错就错了；爱就爱了，恨就恨了；笑就笑了，哭就哭了。哪有那么多麻烦、计较和周折，又哪容你翻来覆去地随意更改。生命太短暂，一生不过短短数十年，怎经得起那么多无谓的折腾。

简单就是要学会舍弃。这也要那也想，须知我们的双肩载不动那么多的金钱、名誉、地位、情感、哀愁和怨恨。干脆地舍弃吧！轻轻松松地上路，多一些时间来听花开花谢，多一些时间来看日升日落，多一些时间来走向你心中的远方。

简单是一种速度。丢开一切束缚我们心灵和思维的桎梏，更不要让世俗的网于无形中把你拉扯得身心俱惫，憔悴不堪。以一种快刀斩乱麻的方式，三下五除二地去做吧！

简单其实就是这么简单。你一旦奉行了简单的准则，就会摆脱心灵受到的污染，摆脱使你的生活变得错综复杂的恼怒。简单还意味着每次只确立一个目标，意味着你从此不再怨天尤人，意味着去做一切你力所能及的事。

一生受益的至理名言

NO.81

当你心中只有你自己的时候，你把麻烦其实也留给了自己；当你心中想着他人的时候，其实他人也在不知不觉中方便了你。

那是学校最有名的一位教授开设的讲座。讲座准时开始，教授从坐着的椅子上站起来，台下立即鼓起掌来。教授向大家摆了一下手，等掌声平息下来，他径直走下讲台，来到大讲堂最后面一排的座位前，指着座位中间的一个同学说："同学们，在开始今天的讲座之前，请允许我向这位同学致敬。"说着，教授向那位同学深深地鞠了一躬。

大讲堂里一下变得鸦雀无声，大家不知道发生了什么事情，不知道教授为什么要向那位同学鞠躬。

教授用不高的语调说道："我今天是第一个来到这里的。在你们入场的时候，我特别注意观察了，我发现，许多先到的同学一进来就抢占了靠近讲台和过道两边的座位。在他们看来，那一定是最好的位置了，因为在那样的位置上，好进好出，很是方便，而且离讲台也近，听得也最清楚。只有这位同学来的时候，我注意到了，当时靠前和两边的位置还有很多，可是他却舍弃了这些在别人看来是最好的位置，径直走到大讲堂的最后面，而且是坐在最中间，进出都不方便的位置。这位同学把好的位置留给了别人，自己却宁愿坐最差的位置。他的这种思想，难道不值得我们充满敬意吗？"

教授的这一番话，说得同学们都沉默了。大家似乎感到很新奇，又似乎听了教授的话之后，在为自己利己的思想感到有些羞愧了。

教授看着大家的反应，接着说道："我继续观察后发现，先前那些抢占了他们认为是好位置的同学，其实备受其苦。因为座位前排与后排之间的距离小，每一个后来者往里面进时，靠边的同学都不得不起立一次，这样才能让后来者进去。我统计了一下，在

半个小时之内，那些抢占了'好位置'的同学，竟然为他们只想着自己的行为，付出了起立十多次的代价。而那位坐在后排中间的同学，却一直安详地看着自己的书，没人打扰。"

说到这里，教授停顿了一下，将大讲堂四周从前至后地看过一遍，然后望着大家，缓缓地，但却很有力地说道："同学们，请记住吧：当你心中只有你自己的时候，你把麻烦其实也留给了自己；当你心中想着他人的时候，其实他人也在不知不觉中方便了你……"

有这样一则故事：一个盲人在夜晚走路时，手里总是提着一盏明亮的灯笼。人们很好奇，就问他："你自己看不见，走路提着灯笼不是多余的吗？"盲人正色道："我打灯笼是为了给别人照路，别人看到路就不会撞到我了。这样在帮助了别人的同时，也保护了自己。"将心比心，照亮别人等于照亮自己，为他人着想实际上亦能惠及自身，生活中的许多事情都是这个道理。

我们每个人，总是习惯了从自己出发，以自己的逻辑去看问题。人生中，我们如果换一个角度来看问题，即从对方的立场来看问题，就会产生一种奇妙的效果，给对方一种尊重感、归宿感。

遇事多替别人着想，这是一种胸怀，一种博爱，也是一种境界。与人方便并不是很难做到的事情，有时真的就是举手之劳。这简单的举手之劳，却是一种很高尚的道德行为，我们轻而易举的一个动作是会给别人和自己带来诸多的方便和益处的。在公共场所或在家里，将水果皮、用过的废旧物随手丢进垃圾筒里，既美化了环境也给清扫的人减少很多的麻烦；大家在一个办公室工作，使用公用的物品后，物归原处，别人使用就方便了；雪后，将自家的院落和就近的路面打扫干净，自己和路人行走既安全又方便……与人方便，于己方便，这样的好事何乐而不为呢？

汽车大王福特说过这样一句话：假如成功有什么秘密的话，就是设身处地为别人着想，了解别人的态度和观点。与人方便就是多为他人着想，在你替别人着想做善事的时候，首先惠及到的是你自己。因为你在方便别人的同时，也在享受着这种方便。你为别人着想，别人自然也会想到你，或受你的影响变得

一生受益的至理名言

也在与人方便了。当你心里一心为别人着想时，你就会发现自己不那么自私了，能宽容待人了，而且生活的态度也豁达、开朗起来。生活中，当我们想对他人表示体谅与关心时，唯有我们自己设身处地为对方着想。由于我们的了解与尊重，对方也相对体谅你的立场与好意，因而作出积极而合适的回应。

人心是一面镜子，可以照照别人，也可以看看自己。我们希望别人怎样来对待自己，最好首先那样去对待别人。人人心中都有一杆秤，那些对他人冷漠、自私自利的人，最终也会被他人疏远；相反，一个人如果充满爱心，处处都能设身处地为他人着想，"以身为度"、"以己量人"，也一定会从他人那里得到回报。爱人者，人恒爱之。让我们都来为别人点一盏灯。人们说的"送人玫瑰，手有余香"就是这个道理，如果我们把手里的玫瑰都送出去，这个世界将是花的海洋，我们每个人永远都有德馨余香。

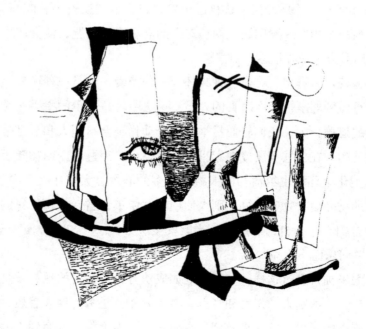

NO.82

真正有价值的东西不是出自雄心壮志或单纯的责任感，而是出自对人和对客观事物的热爱与专心。

被誉为"钻石之王"的哈里·温斯顿，除了拥有精湛的技艺和高超的欣赏水平外，还是一位成功的商人。他创立的哈里·温斯顿公司，从一个小作坊发展成世界闻名的珠宝连锁店。在他的众多传奇中，有这样一则耐人寻味的故事。一天，温斯顿听说有个荷兰富商正在收集某种钻石，哈里·温斯顿打电话给他，说哈里·温斯顿公司刚好有这样的钻石，并邀请他来纽约面谈。于是荷兰富商应邀来到美国。双方见面后，哈里·温斯顿让公司的一名专家为富商介绍一颗昂贵的钻石。专家详细地讲解了钻石一流的质地、高科技的切割工艺以及各种珠宝鉴定指数……富商听了，只是点点头。等专家介绍结束之后，他站起身说："谢谢你，这确实是很棒的钻石，但不是我想要的。"

一直坐在后排的哈里·温斯顿上前拦住富商："让我再给您介绍一下这颗钻石，可以吗？"客人再次坐下。哈里·温斯顿从专家手中接过那颗钻石，他没有用任何术语，而是抒发了自己对这颗钻石的热爱：它在阳光下是多么璀璨夺目，它是多么晶莹剔透，它的美是多么令人怦然心动。寥寥数语就打动了荷兰富商，他马上说："请把它卖给我。"后来，一个助手问哈里·温斯顿："为什么顾客已经拒绝了专家，可您几句话就让他改变了主意？"

哈里·温斯顿说："那位专家是钻石界为数不多的几个权威之一，他对钻石的知识远胜于我，我为此付给他高额的薪水。但有种本事，他没有，我有。如果他能学会那种本事，我会毫不犹豫地给他开双倍工资。"

"什么本事？"助手问。

"他了解自己卖的每颗钻石，而我热爱自己卖的每颗钻石。"

爱因斯坦曾经说过一句话："热爱是最好的老师。"这句话道出了热爱对一个人谋事的重要作用——热爱是做好任何事情的基础。热爱是一个捧在手里会感到滚烫的字眼，是满怀的热情朝着一个方向流去而不计较得失，是抓住每一个可爱之点狂热地追逐。热爱能激发人的潜能，调动人的积极性和创造性，使之对事业的完美充满渴求，即便是遭遇困难挫折，也能"衣带渐宽终不悔，为伊消得人憔悴"。

20世纪到来前夕，美国专利局专员查尔斯·迪尤尔要求麦金莱总统撤销该局，理由是："能发明的东西都发明了。"当然不是。在20世纪，汽车取代了马和马车，飞机开始从火车的上空掠过，人类在月球上行走，电话代替了电报，收音机、电影和电视使信息交流发生了革命，最终互联网消灭了时空间隔。正是因为人类的热爱，才使我们不断进步，不断突破历史，突破极限。

热爱是成功的最大秘密。强力能够劈开一块盾牌，甚至毁灭生命，但是只有爱才具有无与伦比的力量，使人们敞开心扉。我们要让爱成为我们最大的武器，没有人能抵挡它的威力。爱能产生动力，爱能产生热情，爱能感化一切冷漠。发自内心的信心和情感，比学识和大道理更有感召力。热爱你所做的事会带来回报。成功和失败都是附带产生的结果——而你能控制的一件事，就是你要如何做你的工作。真正的伟大，是加倍的努力与真诚热爱工作的结果。面对工作中的困难，我们热爱，困难就会迎刃而解；面对交流中的误解，我们热爱，心胸就会更开阔；面对工作的烦恼，我们热爱，烦恼就会烟消云散。我们不要害怕失败，我们不要回避矛盾，我们不要逃避困难。逃避困难的人，注定要停滞不前，甚至倒退；不肯工作的人，无疑是别人身上的寄生虫，是社会的负担，乃至社会的公敌。在每一天的开始，问问自己今天我能做什么，这是热爱；在每一天结束时，问问自己今天我做了什么，这也是热爱。规划，让我们的目标更明确；反思，则让我们更加清醒和睿智！

甘为热爱而付出，才是真正的热爱。真正的热爱是真诚付出加上理性把握。不计艰险、不计功利，始终一丝不苟地朝着认准的目标努力，这就是热爱的力量。

NO.83

一个人面对外面的世界时，需要的是窗子；一个人面对自我时，需要的是镜子。

一个富人去拜访一位哲学家，请教他为什么自己有钱后变得越发狭隘自私了。哲学家把他带到窗前，问："向外看，告诉我你看到了什么？"富人说："我看到外面有很多人。"哲学家又将他带到一面镜子前，问："现在你又看到了什么？"富人回答："我自己。"哲学家笑一笑说："窗子和镜子都是玻璃做的，区别只在于多了一层薄薄的水银。但就是因为这一点水银，便叫你只看到自己而看不到世界了。"

一个人面对外面的世界时，需要的是窗子；一个人面对自我时，需要的是镜子。通过窗子才能看到世界的明亮，使用镜子才能看到自己的缺点。其实，窗子和镜子并不重要，重要的是我们的心。我们的心广大，世界就大了；我们的心明亮，世界就明亮了；我们的心如窗，就看见了世界；我们的心如镜，就关照了自我。

希腊智慧神庙庙门有这样一句话："认识你自己"。认识自己并不易，既要在别人的眼睛中看自己，也要用自己的良心去审阅自己，这个过程应当伴随我们一生，一时一刻也不能废止。只有如此，才会心清神明，才会明白自己的责任和义务，才会明白自己生存的意义。

人应当在看自己的时候也看到别人。别人也有不亚于我们的美丽而凄婉的生命故事，别人也有不亚于我们的独特与快乐，别人更有令我们惊叹的震撼的心灵历程。走出自我的小圈子，让我们的情操在大气磅礴的生灵大潮中淬洗，

一生受益的至理名言

让我们的性情在豪放博爱的生灵大潮中炼就，拂去我们心头的尘污，照亮我们生命的暗角。到别人那里寻找生命的金子，那高尚的品质，补充我们与生俱来的生命贫乏；到别人那里探寻生命的奥妙，那里有坚忍的毅力，有挺拔，有曲折，让我们感动让我们心动让我们心潮澎湃，摧毁我们的软弱和懒惰，重新构建我们心的堤坝，让我们正大光明；到别人那里聆听诤言，那虽似长着荆棘却充满热烈的话语，会给我们头昏后的清醒，迷途中的彻悟。生命的完整因可爱的别人而美丽，而且看到别人的美丽，别人更会看到我们的美丽，心与心的相知，情与情的相惜，我们的生命才会更甜蜜与精彩。

雄鹰看到蓝天的广阔，便振羽高翔，自由而高傲；飞瀑看到峭崖的险绝，便一泻千仞，流银泻玉，灵动如龙；海燕看到巨浪的汹涌，便引吭高歌，乘风破浪，大气蔚然。人，若是只看到自己，便如那墙头的浮草，轻浮浅陋，如那草原的孤鹿，寂寞而时时有被吞没的险情。在这个世界上，不仅只有你，而且还有他、有我。人之为世人，也绝不仅仅只有我，请不要忘了这个七彩世界里的你我他。看到自己看到别人，我们的世界才会更精彩，生命中的阳光也才会更灿烂。

若我们的眼睛只能看到金钱和权力，既不审视自己，亦不管别人如何看待自己，便会变得狭隘自私。洛克菲勒出身贫寒，创业初期勤劳肯干，人们都夸他是个好青年。可当他富甲一方后，变得贪婪冷酷，宾夕法尼亚州油田地带的居民身受其害，对他恨之入骨。洛克菲勒的前半生就在众叛亲离中度过。洛克菲勒 53 岁时，疾病缠身，人瘦得像木乃伊。医生们向他宣告了一个残酷的事实：他必须在金钱、烦恼、生命三者中选择一个。这时他才开始领悟到，是贪婪的恶魔控制了他的身心。他退休回家，开始过一种与世无争的平淡生活，并把巨额财产捐给了别人。起初人们并不接受，说那是肮脏的钱。可是通过他的努力，人们慢慢地相信了他的诚意。从这以后，人们开始以另一种眼光来看他。洛克菲勒的前半生为金钱迷失了方向，后半生千金散尽，才重返生命的正道。

无论何时，我们都应在审视自己的时候看到别人。在微小的自我世界中短浅地自恋自大，那是很危险的，渺小的自我仅是世界的一小部分，我们不完善、不美丽，甚至很污浊，我们不能在自我的小天地里自费自磨，消逝着宝贵的生命。走出自我，看到别人，就会如天上的明月晶莹剔透，与美丽的世界交相辉映。

 ## <u>NO.84</u>

生命并不在于你得到什么，而是你做过什么。

BEYOND乐队曾经是香港流行乐坛的光荣与梦想。乐队的灵魂人物黄家驹来自一个普通家庭，他的家境并不富裕，但健全温暖。香港的20世纪60年代，是一个民风较淳、很多人在艰难拼搏的时代，从小就酷爱音乐的黄家驹，为了实现自己的音乐之梦，于1983年组建了BEYOND乐队。历经十多年的奋斗，BEYOND乐队在他的带领下，从一个无名小卒成为一支最受人们欢迎和关注的乐队。

1991年是BEYOND最鼎盛的时期，他们成为香港第一个进红馆开演唱会的乐队（当时能进入红馆开演唱会的人或乐队是非常光荣的），更大的诱惑在前面，而BEYOND却毅然决定离开香港，转向日本，寻求更广阔的创作空间。在黄家驹众多的作品中，都可以发现他对理想的坚定与对音乐的执著。例如《可否冲破》的坚持："可否冲破眼前这装扮，可否冲破以前那颤抖的岁月，道别旧日落寞坚守我自信。"《不可一世》中的强硬："从不信要屈膝面对生命，纵使没人帮，一生只靠我双手，让我放声疯狂叫嚷。"这是最高昂放肆的歌，也是黄家驹要想实现却无法实现的梦想。

黄家驹曾说过这样一句话："生命并不在于你得到什么，而是你做过什么。"从黄家驹身上可以看见他没有一点浮华，更没有很多明星高高在上的跋扈，他率领的BEYOND也很平民化，自然简朴，并且是香港最健康积极、影响力最大的乐队。很多人说搞音乐的人带些神经质，但黄家驹不是，他率性且冷静，处理问题非常理智，没有一丝浮躁，没有一丝狂妄，只有不可动摇的坚定。

生命的终结都是一样的，是死亡，是烟云，起点到终结如白驹过隙，这一瞬间就是我们生命的过程了。在第一声啼哭响在这个世界的时候，一个人赤条条地到来，睁开眼睛看着七彩斑斓的一切，充满了好奇与幻想，等把一切看够，阅尽人间美景，尝尽世间苦忧，终究都会归于平寂。

而在这个过程中，我们用生命、用岁月写就了故事，用双手、用脚步造就了人生。其实，站在终点是找不到意义的。成功，或者是失败，回首过去如烟云重锁，那种超然与豁达只有经历和思考以后，才会拥有。

广告界奇人克劳德·霍普金斯曾说："如果一个年轻人能够认识到他一生的工作是一件他所能做的最有意义的事，那是非常有意义的，而且，这种意义永远存在。对体育明星的欢呼鼓掌很快就会沉寂，但成功对一个人的鼓励是能持续一辈子的。"

在这里，"奋斗"诠释了它最高贵的意义，它不是为了成全某个功利的目的，它本身就意味着激情、快乐与自豪，意味着收获与赠予。这样的"奋斗"，能吸引人始终含辛茹苦，甚至九死无悔。对于那些不甘于平庸的人来说，一劳永逸是不存在的，他们在任何年龄段都会听到自己雄心壮志的召唤，然后，一往无前。正如黄家驹的音乐之路，那是渗入生命历程的信仰，信仰能以很多种方式出现，或者是一个人，或者是一种精神，又或者是一件物体，它影响人们的意念，能让人们执著。

黄家驹的一生充满争斗，不甘于捆绑，但对每个人来说，不羁放纵爱自由都是不可能的，所以苦满人生，但这种人生之苦正是在于对梦想的执著与坚持。每个人都要学会为自己的选择和行为负责。幻想是一种创意，一种激情，然后把它转化为理想，变成一种行动，心灵所指就是人生的方向！

当你坚持不懈的脚步还未停下以前，你就还没有失败。人生的意义并不在于你得到什么，而是在于你做过什么。生命的欢乐不仅在愿望实现的那一刻，还体现在充满追求的过程中！一位西方哲学家曾经对人生做过一个形象的比喻。他说，人生有如过一座桥，这座桥的桥头、桥尾、桥下都弥漫着云雾，人从一团云雾走向另一团云雾。萨特说，人生是一场永无下场的悲剧。这是一种悲观的人生态度。但是，人生的快乐更在于过程的体验。

人到世上，无非就是活一场。但是活法各有千秋，却都没有理由。只有内心对美好的追求以及对希望的想象，让我们感到生命是有意义的，从而能够对未来充满信心。人生，就是一直向前走而从不回顾，就是让自己美好也让别人

美好的体验。

　　遗憾和后悔，是因为自己正在为我们的选择承担痛苦。过去，因为各种原因的限制，会产生今天这种意想不到的后果。人生，也是一个不断修正的过程，这样才能抵达自己内心向往的彼岸。

　　如果说人生有什么目的的话，一切都没有了趣味，一个目的性极强的人是无法体验奋斗所带来的乐趣的。对过程没有兴趣的人，他的生命也是没有乐趣的。有些人毕生都在奋斗着，也许到最后他并未达到自己所设定的目标，但也不必过分为自己悲伤，其实快乐往往来自于这个奋斗的过程中。

　　"天地者，万物之逆旅。"人，也是世间万物的一个组成部分，终究逃不了大自然命运的安排。要说目的的话，人的终点无非是死，但这不是人生的目的，我们应把生命看作是来到这个世界的一次旅行，品味沿途风景，闲看花开花落，笑看云卷云舒。

一生受益的至理名言

NO.85

未经反省的人生不值得活。

　　古希腊伟大的哲学家苏格拉底，一生注重哲学的研讨。因为他的智慧，因为他对真理的追求与维护，也最终导致了被雅典法庭处死的命运。他用生命演绎和展现了哲学，坚定地维护着自己的真理和智慧，直到被判处死刑。

　　他曾说过这样一句话："未经反省的人生不值得活。"同时他也用他的一生反省。反省自己，反省哲学，反省城邦制度，又到处宣讲他的哲学。这个大智者用他的思想、他的魅力感染着周围的人们。

　　他奉行公正、勇敢、智慧与节制，用他超群的智慧阐释着哲学思想。追求完善的人注定是会孤独的。他坦然地面向死亡，死亡对于他来说是人生最大的幸运。他用天鹅的预见来比喻自己对死亡的感受。天鹅将死，为死而悲鸣，扇动着羽翼，唱出生平最后的也是最漂亮、最动听，甚至最快乐的歌。在他看来，天鹅预见到了死后灵魂的归所，因而他只有去死才能探询到更深的哲理。于是面对死亡，他不但不畏惧，反而更坦然。即使他可以有很多方式可能获得不死，但是他不愿意，他情愿接受死，这就是他作为智者留给自己的选择。

　　他留给他的门徒以及所有世人的最后的话竟是：尽可能少地去想苏格拉底，尽可能多地去探询真理吧！

　　反省是一种能力。在英文中，"反省"译成 meditation 或 self-examination，意为对自己的行为思想作深刻思考，自我检查自己的行为思想，把自己做人做事不正确的地方想清楚，然后纠正自己的错误，修正自己所走的人生道路。通过反省，我们做人会越来越成功，我们的事业会越来越成功，我们的生活会越来越幸福。

　　国家的法律和社会的习俗、我们所选择的榜样、我们内心所认可的价值体

系和道德标准，构成了我们日常行为的准则和我们进行反省的依据。一个具备反省能力的人是一个能够不断提高自己的人。一个知道反省的人一定明白人类社会对什么样的行为能够作最终的承认，什么样的价值是人类所认可的最终价值，做人做事的最终标准是什么。因此，反省的过程就是一个人心智不断提高的过程，是一个人心灵不断升华的过程。同时，反省的过程也是我们对所遵循的标准不断反思和不断提高的过程。在现实生活中，我们按照自己的理解去解决问题，处理麻烦；在不断失败和挫折的过程中，我们开始明白哪儿不对头，哪些地方需要纠正，我们在纠正自己行为的同时，也开始修正自己的行为标准，使自己达到一个更高的境界。

由于反省的过程通常是自我否认的过程，所以，一个具备反省能力的人一定是具有自我否定精神的人。那些自以为是、骄傲自满的人是不可能具备反省能力的。这些人的典型特点是自大、狂妄、固执、心胸狭窄，一旦有挫折总是把责任推到别人身上。为了维护自己那点虚幻的尊严，他们总是不惜一切代价保护自己，为了保护自己不惜一切代价伤害别人。在他们自私的心里，除了自己什么都容不下，既容不得别人的成就，更容不下别人对自己的批评，当然也就不可能有否认自己、革新自己的反省精神。反之，一个具备反省能力的人，必然是能够对自己提出严格要求的人，他们总是寻找自己的不足，力求改正这些不足。他们总是能够虚心听取别人的意见，从别人的批评中吸取营养，使自己变得更加完善。他们不会害怕自我批判和自我否认，因为他们知道自我否认的目的是为了使自己达到一个更高的层次。因此，在自我否认的背后，他们实际上有着充分的自信，相信能够使自己变得更优秀。

反省是智慧的源泉，是我们人生走向成功的基本保证。当白天随着天边的最后一抹晚霞消失在夜空中，当夜空在无数星星的闪烁中变得神秘而深邃时，当夜深人静我们已经能够听到自己的心跳时，我们应该不断地问自己：我的人生观和价值观正确吗？在我身边有我可以追随的榜样吗？我这一天过得值得吗？我这一天有什么过错需要改正吗？明天我应该怎样才能过得更好呢？只有当我们每天都反问自己这些问题时，我们的生活之路才会在我们前面不断延伸，而且越走越广阔。

一生受益的至理名言

NO.86

成功来自于你对自己真正热爱和擅长的事业的专注——而非来自对每一偶然事情的挑战。

一个商人需要聘请一名员工，他贴了一张独特的广告："招聘：一个能自我克制的男士。每星期40美元，合适者可以拿60美元。""自我克制"这个术语引起了争论，这引来了众多求职者。

每个求职者都要经过一个特别的考试。卡特也来应聘，他忐忑不安地等待着，终于，该他出场了。

"能阅读吗？"

"能，先生。"

"你能读一读这一段吗？"商人把一张报纸放在卡特的面前。

"可以，先生。"

"你能一刻不停顿地朗读吗？"

"可以，先生。"

"很好，跟我来。"商人把卡特带到他的私人办公室，然后把门关上。他把这张报纸送到卡特手上，卡特刚一开始阅读，商人就放出6只可爱的小狗，小狗跑到卡特的脚边。这太过分了。许多应聘者都因经受不住诱惑要看看美丽的小狗，视线离开了阅读材料，因而被淘汰。但是，卡特始终没有忘记自己的角色，在排在他前面的70个人失败之后，他不受诱惑一口气读完了材料。

商人很高兴，他问卡特："你在读书的时候没有注意到你脚边的小狗吗？"

卡特答道："注意到了先生。"

"我想你应该知道它们的存在，对吗？"

"对，先生。"

"那么，为什么你不看一看它们？"

"因为我告诉过你我要不停顿地读完这一段。"

"你总是遵守你的诺言吗？"

"的确是，我总是努力地去做，先生。"

商人在办公室里来回走着，突然高兴地说道："你就是我想要的人。"

　　当你置身于狂热的球迷之中，面对赛场的风云突变，不跟着起哄，不吹口哨，不扔汽水瓶，这就是一种克制；当你面对别人的种种意见、批评，甚至无中生有的诘难，眼不瞪眉不皱，这种功过任人评说，有则改之、无则加勉的度量就是一种克制；在家里你面对妻子或丈夫的小题大做、喋喋不休，一点儿也不发脾气，仍然笑容可掬地端盘洗碗，审视孩子的加减乘除，这份理解和忍耐就是一种克制。别人踩了你的脚，你竟对那人宽容一笑；你申报高级职称再次落空，依然不闹情绪，埋头工作；你深爱的女友或男友弃你而去，你却说"天涯何处无芳草"，抹一把泪后又热情地投入到火热的工作和美好的生活中……所有这些，都是一种克制，它体现了人的美好的品质和良好的道德修养。

　　歌德说："谁不能克制自己，他就永远是个奴隶。"我们的生活在不断诠释这个道理——善于克制自己，才有可能走向成功，拥有完美无憾的人生。而克制不住激情和欲望的魔力，被它们所牵制，扬其波逐其流，终究难以成就事业，甚至走向自取灭亡的可悲境地。专注于你所要做的事情就是成功的第一大要素，年轻人只有善于克制自己，把精力投入到工作和学习中去，完成自己的职责，才有成功的希望。

　　但丁说过，测量一个人的力量大小，应看他的自制力如何。每个人在走向成功的道路上，都可能遇到形形色色的诱惑，闪现出本能的贪欲。如何消除贪欲之心，免去贪欲之害？只有克制。"无求于物心常乐，自静其事品自高。"老子也曾说："见欲而止为德。"如若克制不住自己，那么"一念之欲不能制，而祸流于滔天"。在贪欲中开始，在牢狱中结束。因为人的欲望无穷期，所以克制自己，并非易事。只有常怀律己之心，常思贪欲之害，不该自己管的事不插手，不该自己拿的东西不伸手，始终保持一颗平常心、平民心、好人心，如此这般，才能克制欲望的纷扰，心胸坦荡地走好人生之路。

生活中总有诸多的失意、落寞，看不惯的人和事实在太多太多，遭人误解、被人诽谤，甚至被别人小耍一两回也是常有之事，对此，那种动不动就以牙还牙、以拳相向、自暴自弃的冲动，实在是不明智之举。做人就应当学会心存坦然、宽容，意寄旷达、宁静，情系深沉、真挚，这是做人的一种境界，也是学会克制的前提。

我们提倡克制，是因为它闪耀着理智之光。仁人志士，即使渴死饿死，也不会去饮盗泉之水，受嗟来之食。朱自清不是宁肯饿死也不吃美国的救济粮么？这份宁死不屈的克制表现了一个人多么高尚的节操啊！学会克制，就能够构筑起一道抵挡人欲物欲的长堤，顺利通过一道道充满诱惑的关于物质的、金钱的、美色的陷阱，使你的路越走越宽，越走越光亮。

克制也是一种生存之道。俗语说"和气能生财"、"忍一忍百气消"，正是此理。当你面对别人的误解、谣言甚至是恶意的中伤时，如果你暴跳如雷，那就正中他人下怀，不仅解决不了问题，还会有"此地无银三百两"之嫌，至少也会背上个"没有修养、缺乏风度"的恶名。不善于克制，会使误会加深，造成人际关系紧张，事事皆难。学会克制能避免冤冤相报，能使大事化小，小事化无。克制使阴谋破产，使误解冰消雪融。

克制体现出成熟美。一个成人如果不懂得克制，往往被人看得轻浅、无知，认为你经受不住痛苦、挫折和失败。一个人沉不住气又怎能挑起重担，干出一番大事业呢？

提倡克制并非叫人一味地无原则地忍让畏缩，更不是提倡夹着尾巴做人。当别人的挑衅涉及你做人的尊严时，你应当义不容辞地加以维护；面对毫无原则的人和事，你应当毫不留情地坚决给以拒绝和抵制。

多一份克制，少一份冲动吧！你会觉得天宽海阔，游刃有余。学会克制就会使生活之树常青，事业之树常青。克制自己，就是完善自己、成就自己。

NO.87

如果你是懦夫，你自己乃是你最大的敌人；如果你是勇者，你自己乃是你最大的朋友。

1945 年，一位 21 岁的匈牙利青年，身上只带了 5 美元到美国闯天下。20 年后，他成为百万富翁。他曾经非常自豪地说："我没有做过一笔赔钱的交易，也没有一次失败的经营。"他就是罗·道密尔，一个在美国工艺品和玩具业富有传奇性的人物。

道密尔曾买下了一家濒临倒闭的玩具公司，别人认为这简直等于自杀，会让道密尔倾家荡产。众人极力劝阻他这个"愚蠢的做法"，然而道密尔却有自己的想法，他的理由是："别人经营失败的生意，接过来后容易找出失败的原因，因为缺陷比较明显，只要把那些缺点改正过来，自然就赚钱了。这要比自己从头做一种生意省力很多，风险也小得多。"

当时他发现成本太高是这家玩具工厂失败的主要原因，因而决定提高产量以降低成本。道密尔规定：凡是制作工人所用的工具、材料，一定都要放在最顺手的地方，要用时，一伸手就可以拿到。这样一来，操作机器的工人，不必再为等材料、找工具耽搁时间，无形中节省了很多时间。他的另外一个规定是：在工作中，不准吸烟，但每隔一个半小时，准许全体休息 15 分钟。因为他发现叼着烟工作，进度非常慢，而且有很多人借抽烟来偷懒。这两项规定执行以后，在机器没有增加、人员减少的情况下，产量增加了 50%。

每个人都知道的风险，恰恰没有风险，这就是智者的勇气。

面对邪恶挺身而出的勇气，是一种浩然正气；面对危险挺身而出的勇气，也是一种浩然正气；面对困难挺身而出的勇气，同样是一种浩然正气。毫无疑问，这些都是反映美德和保持美德的宝贵气质，也是广泛存在于具有正义和忘我精神的人身上的一种普遍气质。任何一个人思想上的良好愿望和行为上的高尚德行，如果没有勇气做后盾，都不可能得到充分的发挥。没有舍身的勇气，岂敢扑向敌人的碉堡？没有无畏的勇气，岂敢在面对邪恶时大义凛然？

勇气的内在动力是美德，勇气的外在动力是荣誉感。缺乏美德的人，不可能在损害自身利益的前提下表现出勇气；没有荣誉感的人，也不会为了公众利益而有守正不挠之举。因此布莱克才说："怯于勇气的人必长于奸诈。"奸诈既逆于美德，自然在浩然正气之下，也是绝无容身之地的。

勇气是一个人应该具备的最基本的素质之一。我们不仅在面对强敌时需要勇气，在主持正义，在克服困难，以及在所有需要作出抉择的时候，都需要勇气来支援我们的行为。即使在从事日常工作和处理日常事务中，如果缺乏勇气，畏首畏尾，前怕狼后怕虎，即使满腹经纶，又有什么用处呢？

明朝末年，史学家谈迁经过20多年呕心沥血的搜集整理资料和写作，终于完成了明朝编年史——《国榷》。然而，谈迁还没来得及喘口气，一天夜里，家里遭遇小偷袭击，小偷见谈家家徒四壁，无物可偷，以为锁在竹筐里的《国榷》原稿是值钱的财物，就把整个竹筐偷走了。从此这部书稿就下落不明。20多年呕心沥血的成果转眼间化为乌有，这对年过六旬的谈迁来说，简直就像老年得子而刚出生的孩子又莫名其妙地死了一样，无疑是人生的重创。谈迁忧郁、悲伤过，但他很快就从老年失"子"的痛苦中解脱了出来，人生岂能如此虚度，只要生命还在就有从头再来的机会。谈迁坚持了下来，继续搜集材料，不断充实史料，又埋头苦干了10年，又一部《国榷》诞生了。新写的《国榷》共104卷，百万余字，内容比原先的那部更详实、更精彩。谈迁不仅为后人留下了宝贵的历史资料，他自己也因此名留青史，为后人所称赞。

人生的成功并不在于你取得多大成就，而在于你是否具有屡败屡战、敢于坚持的勇气。考验一个人的勇气，往往不是看他敢不敢死，而是看他敢不敢活下去。成功者不比普通者有运气，只是有比普通者更能延续最后5分钟的勇气。还是伏尔泰说得好："要在这个世界上获得成功，就必须有勇气坚持到底——剑至死都不能离手。"

NO.88

成为最好的，永远比跑在第一重要得多。

刘易斯、霍利菲尔德和泰森曾是20世纪职业拳坛的"三巨头"。在20世纪最后20年里，刘易斯获得拳王之后宣布退役，没给后来者踩着自己肩膀崛起的机会，可以说他是拳击界第一流的拳击手。但这个拳击史上的一个大时代并没有就此宣告结束，老将霍利菲尔德似乎很愿意承担这个承前启后的使命，虽然他已经42岁了，而且再也没有机会与刘易斯同台竞技，但他还要第五次登上拳王宝座，而且是要一统重量级拳坛。

在次重量级，霍利菲尔德是个进攻型拳手，他的钩拳和摆拳技术是第一流的，而且后手重拳威力巨大、令人生畏。可是，步入重量级之后，他的技术无法发挥威力了。次重量级的致命重击，到了重量级还不如力量型拳手的重刺拳。拳击是"击倒的艺术"。拳击水平的高低，很大程度上取决于击倒率的高低。霍利菲尔德有自知之明，他清楚地知道，要成为重量级拳王，必须苦练反击技术，此外别无选择。

1990年10月25日，霍利菲尔德凭借娴熟的反击技术，仅用了3个回合就一举打垮了詹姆斯·道格拉斯，成为泰森之后的又一位里程碑式的传奇人物。到1996年迎战泰森时，霍利菲尔德的反击拳已炉火纯青。泰森以为霍利菲尔德还是当年那个打防守反击的"游击队员"，闪电般的组合进攻就足以致霍利菲尔德于死地了，但霍利菲尔德的反击拳法习钻古怪、无孔不入，让泰森防不胜防。当然，霍利菲尔德的扭抱不是消极的犯规手段，而是积极的防御技术。

如果说泰森创造了一个攻击技术的神话，那么霍利菲尔德就可以当之无愧地成为反击之王。1996年和1997年是老霍拳击生涯的巅峰，这两年他总共只打了3场比赛，但每一场都是足以录入史册的大战。其中两次击败泰森，一次击败穆勒，都是无可争议的完胜。尤其是对泰森的第一场世纪之战，绝对是20世纪可以排名前十位的经典拳赛。在与泰森的第一战中，霍利菲尔德的最终获胜同泰森眼眶被撞裂多少有点关系，但那不是决定因素。在泰森眼眶刚刚受伤的第六回合，霍利菲尔德就已经成功地击倒泰森一次，那次击倒与受伤没有多少必然联系。当时泰森上钩拳击空，老霍抓住空当，一记干净利落的左勾拳把泰森掀翻在地，那是纯粹技术原因——霍利菲尔德等这个机会等了6个回合，是泰森自己的失误断送了他的前程。

1997年11月，霍利菲尔德的反击拳嚣张到了极致，他居然在8个回合里击倒穆勒5次。3年前的1994年，大名鼎鼎的"锤子"穆勒还凭点数胜过霍利菲尔德，3年后竟如此惨败。穆勒并没退步，是霍利菲尔德强大了，他也许不是上一个时代的第一流拳击手，但没有人不承认他是一个最棒的拳王。

美国作家威廉·福克纳说过："不要竭尽全力去和你的同僚竞争。你应该在乎的是，你要比现在的你强。"

人不应仅为失败或成功而活着，而应为希望和梦想而活。我们时常通过成绩单来判断一个学生是否优秀；通过财富、地位来衡量一个人是否成功，这是我们时常犯的一个错误。真正的成功应是多元化的。成功可能是你创造了新的财富或技术，可能是你为他人带来了快乐，可能是你在工作岗位上得到了别人的信任，也可能是你找到了回归自我、与世无争的生活方式。每个人的成功都是独一无二的，所以最重要的是"成为最好的你自己"。也就是说，成功不是要和别人相比，而是要理解自己，发掘自己的目标和兴趣，努力不懈地追求进步，让自己每一天都比昨天更好。

世界上没有完全相同的两片树叶，每个人都是独一无二的。遗传学家阿蒙兰·辛费特曾经说过："在世界的全部历史上，从来没有别人和你完全一样，在那无限遥远的将来也绝不会再有另一个你的。"对于每一个人来说，从生命开始孕育的那一天起，就已经进行了优胜劣汰的殊死斗争，所以每个人都是与生俱来的冠军。对于活着的人而言，胜利原本就蕴藏在你身上。每个人都是独特的，但每个人都不是完美的。墨子云："甘瓜苦蒂，天下物无全美。"也许你并非世界之最，但是你可以根据自己的条件唱歌，按照自己的禀赋绘画，细心打理自己的小草地，充分利用大自然和生活赋予你的那件小乐器，弹奏出优美的生活篇章。或许你并不超凡出众，但你完全可以做一个最好的你。

动物界也是"你媚我憨，各有千秋"。鸭子游泳技术一流，飞行技术也可以，可是要去参加跑步比赛绝对成绩平庸；如果要求善于跑步的兔子去游泳、

爬树，可能会导致它一筹莫展，甚至精神崩溃。

俄罗斯文学大师屠格涅夫说："在一切的天才之上，重要的是自己的声音，重要的是生动的、特殊的自己的声调，这些音调在其他每一个人的喉咙里是发不出来的。"万物众生，各有千秋，每个人都有自己独特的技巧，每个人都有别人所无法企及的天赋之才，发挥你的优势，成为最好的自己，这就是你的目标。

"天生我才必有用。"每个人都拥有千百年来人类进化所赋予的特定遗传因素，没有人注定就是平庸之辈。做一个最好的你，充分开发并利用你与生俱来的天赋条件，每个人都能成为"我"之最。只有这样，人人都会是优秀的，人人都会成功。

一生受益的至理名言